STUDIEN UND VERSUCHE

Eine anthroposophische Schriftenreihe

2

WALTHER BÜHLER

Meditation
als Erkenntnisweg

Bewußtseinserweiterung
mit der Droge

VERLAG FREIES GEISTESLEBEN

Der Vortrag «Meditation als Erkenntnisweg» wurde im Oktober 1957 während der von der Stuttgarter Gemeinschaft «Arzt und Seelsorger» veranstalteten Tagung «Meditation in Religion und Psychotherapie» gehalten.

ISBN 3 7725 0032 3
3. Auflage 1974
© 1972 Verlag Freies Geistesleben GmbH Stuttgart
Gesamtherstellung: Greiserdruck Rastatt

Meditation als Erkenntnisweg

In seinem Buch «Meditation in Ost und West» (Stuttgart, 1957) sagt Friso Melzer in dem Kapitel «Rudolf Steiners Erkenntnis der höheren Welten»: «Wie immer Rudolf Steiner auch die Meditation verstanden haben mag, ihm gebührt das Verdienst, in einer intellektualisierten modernen Welt als erster wieder von Meditation gesprochen zu haben.» Dieser Tatbestand, daß Rudolf Steiner zu Beginn des Jahrhunderts in entscheidender Weise versucht hat, im abendländischen Geistesleben die Meditation in das Zentrum menschlicher Bemühungen zu stellen, war ja wohl der Grund, daß die Veranstalter der Tagung einen Redner aus der anthroposophischen Geistesrichtung gebeten haben, hier zu sprechen. Und der gleiche Tatbestand legte mir sozusagen die Verpflichtung auf, einer solchen Einladung Folge zu leisten, obwohl es sich um ein schwieriges Unternehmen handelt, in einer so kurzen Zeit von dem methodischen Schulungsweg zu sprechen, den Rudolf Steiner in so umfassender Weise in seinen grundlegenden Werken aufgebaut hat. Andererseits fußen meine Ausführungen auf jedermann zugänglichen Veröffentlichungen.

Rudolf Steiner hat als Begründer dessen, was Anthroposophie genannt wurde, den Namen einer Geisteswissenschaft in Anspruch genommen. Daß damit nicht etwas zu Anspruchsvolles getan wurde, zeigen die Bemühungen, die den eigentlich anthroposophischen Veröffentlichungen Steiners im vorigen Jahrhundert vorangingen. Er hat zuvor Jahrzehnte seines Lebens im Grunde genommen nur um die Frage gerungen, die bereits in der Rostocker Dissertation[1] des jungen

[1] „Die Grundfrage der Erkenntnistheorie mit besonderer Rücksicht auf Fichtes Wissenschaftslehre. Prolegomena zur Verständigung des philosophischen Bewußtseins mit sich selbst" (Dissertation Rostock 1891)

Steiner anklingt und später unter dem Titel «Wahrheit und Wissenschaft» erschien. Es war das innerste Anliegen Steiners, der von Natur aus die Fähigkeit geistigen Schauens besaß: vor dem strengen Forum der Wissenschaft einen Weg zu rechtfertigen, der zunächst um 180 Grad gedreht gegenüber dem wissenschaftlichen Weg erschien, den die Naturwissenschaft gehen muß und mit Recht selbstverständlich auch geht. Umfassende erkenntnistheoretische Schriften erschienen; ich brauche nur zu nennen: «Grundlinien einer Erkenntnistheorie der Goetheschen Weltanschauung», oder den Versuch, das ganze abendländische Geistesleben philosophisch zu überblicken in dem Buch «Die Rätsel der Philosophie», oder das grundlegende Werk «Die Philosophie der Freiheit». Diese Bücher sind das Fundament, auf dem dann zu Beginn des 20. Jahrhunderts das anthroposophische Gebäude aufgerichtet wurde, und wir dürfen sagen, die Anthroposophie mit ihren Inhalten steht und fällt mit dem Erkenntnisweg, der zu ihren Inhalten hinführt, die als solche gar nicht so wichtig sind wie der *Weg*, auf dem diese Erkenntnisse erlangt werden. Daß das in der Öffentlichkeit so empfunden wird, zeigt wohl die Tatsache, daß das grundlegende Werk: «Wie erlangt man Erkenntnisse der höheren Welten?» das meist verbreitete Buch der Anthroposophie ist. Gemeint ist also Geisteswissenschaft in einem strengeren Sinne dieses Wortes, als es sonst gebraucht wird, wenn man von Geisteswissenschaften spricht und nur darauf hindeutet, daß es sich um Wissenschaften handelt, die sich mit geistigen Dingen im literarischen Sinne beschäftigen.

Was heißt «Wissenschaft treiben»? Es heißt ja doch wohl: den Versuch machen, zu exakten Erkenntnissen zu kommen, die Gültigkeit besitzen, und insoweit sie objektive Gültigkeit besitzen, Lebensfragen, Erkenntnisfragen beantworten können und sich überall in die Lebenspraxis umsetzen lassen. Steiner hat in verschiedener Weise immer wieder dargelegt und bejaht, daß der Ausgangspunkt aller Wissenschaften, der dem strengen Sinne dieses Wortes gerecht werden will, die Erfahrung sein muß. Es gibt keine Wissenschaft, die nicht von der Basis klarer, nüchterner Erfahrung ausgeht. Diese Erfahrung in der Naturwissenschaft bedeutet: die uns zur Verfügung stehenden Instrumente der Sinne so exakt, so klar, so nüchtern, so objektiv wie möglich zu benutzen. Der Naturforscher geht aus von der Wahrnehmung, wir dürfen betonen von der *sinnlichen* Wahrnehmung. Damit sammelt er die grundlegenden Beobachtungen, das unerläßliche Ausgangsmaterial; aber das allein ist noch nicht Wissenschaft, das würde nur zu großen Katalogen führen, zu einer Anhäufung von Phänomenen. Zur Wissenschaft gehört, daß neben diesem gewissermaßen mehr passiven Sich-zum-Bewußtsein-Bringen der Dinge die gewonnenen Wahrnehmungsergebnisse denkend verarbeitet werden. Und so sind die beiden Grundsäulen jeder Wissenschaft, und ich glaube, darin werden wir uns alle einig sein, Wahrnehmung und Denken. Es gehört weiter zum Charakter der Wissenschaft, daß dieses Denken sachlich, logisch, objektiv ist und möglichst losgetrennt erscheint von dem, was mehr subjektive Elemente der Sympathie, der Antipathie, des Fühlens, des Wollens usw. sind. In dieser Art des Vorgehens liegt zugleich eine positive Disziplinierung des Bewußtseins und der Persönlichkeit des abendländischen Menschen.

Nun ist ein Tatbestand wesentlich: unsere Wissenschaft ist dadurch groß geworden, daß sie von Anfang an die Grenzen, die die Natur der menschlichen Wahrnehmungsfähigkeit zieht, überschritten hat; überschritten hat dadurch, daß die Instrumente der Wahrnehmung in einer unerhörten Weise verfeinert und gesteigert wurden, gesteigert wurden durch das, was zum Beispiel über die gewöhnliche Augenlinse zur Lupe, zum Mikroskop, zum Elektronenmikroskop, zum Teleskop und Fernrohr hinführt. Ich brauche kaum anzuführen, daß es kein Sinnesorgan im Menschen gibt, das nicht eine solche überraschende technische Steigerung erfahren hat, so daß vorher unsichtbare, unhörbare, in der Exaktheit etwa unwägbare Dinge einer neuen Erfahrung zugänglich werden. Wir können heute ein Millionstel Gramm eines Stoffes abwägen! Wir können mit unserem Gleichgewichtssinn vielleicht feststellen, daß dieses Buch ein Pfund leichter ist als jenes Buch. Sie sehen, wie dieses Sinneserlebnis in der Waage, die ein Millionstel Gramm abwägt, unerhört verfeinert ist. Das Teleskop erblickt Welten, ganze kosmische Systeme, in einem Nebelfleck, den das bloße Auge nicht einmal wahrnimmt. Die Wissenschaft hat die Grenzen der Wahrnehmung überschritten, indem sie so die Wahrnehmungsmöglichkeiten durch technische Mittel ausgeweitet hat.

Wir dürfen sogar sagen, sie ist in eine Art zweiter Grenzüberschreitung eingetreten, in eine über die Sinne hinausgehende Welt, von der Steiner als der «untersinnlichen Welt» gesprochen hat. Denn wir haben kein Sinnesorgan für Elektrizität, keines für Magnetismus und leider auch keines für Atomstrahlung, weshalb wir ja unter Umständen einer solchen Strahlung ausgesetzt sein können bis zur Lebensschädigung – etwa als Röntgenarzt – und überhaupt nicht merken, daß unser Leben im Innersten angegriffen wird. Und Sie wissen, was es heute bedeutet, daß diese untersinnlichen Bereiche von der Wissenschaft ergriffen und in die Menschheit eingebrochen sind, Bereiche ungeheurer Kräfte, Bereiche, die merkwürdigerweise, wenn Sie etwa an die Strahlenkräfte denken, prinzipiell dem Leben feindlich gesinnt sind. Wir sind in Bereiche des Chaos, in Bereiche des Todes eingetreten und bemühen uns, mit dem Denken mühsam die da auftauchenden indirekten Phänomene zu fassen und zu durchdringen. Daß dies bis zu einem gewissen Grade gelingt, zeigt die technisch praktische Anwendung der Naturgesetze, die das Denken formt, auch auf solche Forschungsbereiche.

Demgegenüber steht nun das Bemühen Steiners, die Waagschale gleichsam, die durch die Steigerung der sinnlichen Wahrnehmungsseite ins Ungleichgewicht gekommen ist, ins Gleichgewicht zu führen. Er betont, daß auch die zweite Säule wissenschaftlichen Vorgehens eine Steigerung, eine Entwicklung, eine bislang ungeahnte Erweiterung erfahren kann. Es ist die zunächst subjektiv erscheinende Seite, wo der Mensch nicht mit technischen Instrumenten Verbesserungen zustande bringen kann, wo es ganz in seine Freiheit, aber auch in seine persönlichste Aktivität, in seine persönlichste Initiative gestellt ist, anzupacken, zu erweitern. Und so interessierte sich Steiner in intensivster Weise immer wieder neu für die Natur des menschlichen Denkens. In seinen philosophischen Grundwerken glaubt er uns einen solchen Weg zum Erleben des Denkens führen zu können, der aufdeckt, daß dieses Denken nicht nur nominalistischen Charakter hat, daß es nicht nur die

Aufgabe oder die Möglichkeit hat, passiv Dinge zusammenzustellen oder zu abstrahieren. – Man kann etwa hundert Gesichter übereinander photographieren und bekommt ein wesenloses Durchschnittsgesicht, in dem die konkreten Gesichter verblassen. So seien unsere Begriffe und Gedanken nur schemenhafte Bilder der eigentlichen Wirklichkeit, also Abstraktionen. Nehmen Sie zum Beispiel eine mathematische Formel! Man sagt, sie hat keine Realität, sie ist nur Norm oder Regelschema für etwas, was außen Realität ist, was vielleicht ein Ding an sich hinter sich hat, das wir aber nach Kant nicht erfassen können.

Steiner hingegen führt aus, wie im Denken selbst ein keimendes Organ innerer Wahrnehmung vorliegt und findet hierbei gewissermaßen einen Geistgenossen in Goethe. Schicksalsmäßig, durch Vermittlung seines verehrten Lehrers, des bekannten Goetheforschers K. J. Schröer, wird ihm aufgetragen, in siebenjähriger Arbeit am Goethe-Schiller-Archiv die naturwissenschaftlichen Schriften Goethes herauszugeben. Da tritt ihm das Problem: «Was ist Wissenschaft, was ist methodisches Vorgehen?» gerade bei Goethe entgegen, der ganz neue Gedanken hat. Er findet, wie etwa Goethes Idee der Urpflanze auf einem Vorgehen beruht, auf einem innerlich denkerischen Vorgehen, das eben eine geistige Realität, «das Ding der Pflanze an sich», erschließen kann. Goethe selber war hochbeglückt, als ein Zeitgenosse (Heinroth) ihm sagte: «Herr Geheimrat, Sie haben etwas, was man anschauende Urteilskraft nennen muß.» Goethe fühlte sich verstanden. Als Schiller, von der Kantschen Erkenntniskritik ausgehend, den Einwand machte: «Die Urpflanze ist eine bloße Idee», war Goethe schockiert. Er mußte über sich nachdenken und konnte nur sagen: «Ich sehe meine Ideen mit Augen.» Wir können keine Ideen mit Augen sehen, auch wenn wir diese Augen mit ungeheuren Instrumenten verschärfen. Es hat auch Goethe das nicht so gemeint; er hat vom «Geistesauge» gesprochen. Für ihn war die Idee der Urpflanze zwar ein in innerer Anschauung denkend Errungenes; aber er fühlte zugleich, er ist einem geistig Wesenhaften begegnet, einem objektiv in allen Pflanzen schaffenden, geistigen Prinzip. So wagte er es, den Begriff der Entelechie des Aristoteles auf diese Idee anzuwenden.

Steiner versucht nun, das Goethesche Vorgehen zu rechtfertigen. Wirklich denken im eigentlichen Sinne des Wortes, herausquellend aus der Aktivität eines vernunftbegabten Menschen, heißt für ihn: die zunächst subjektiv begrenzte, auf die sinnliche äußere Erfahrung beschränkte Organisation des Menschen gegenüber geistigen Realitäten außerhalb des Subjektes aufzuschließen. Wer das nicht berücksichtigt, kann den Erkenntnisweg Steiners nicht verstehen und muß ihm selbstverständlich von vornherein mit größtem Mißtrauen begegnen.

Wir stehen also im erkenntnistheoretischen Werke Steiners gewissermaßen vor der Begründung eines neuen Realismus. Hier begegnet uns nun eine Überraschung. Steiner führt in allen seinen grundlegenden Werken – und man findet fast in jedem grundlegenden Werk auch entsprechende Kapitel über den Erkenntnisweg – immer wieder aus: So, wie das Auge, das Ohr, der Gleichgewichtssinn nach außen hin der Steigerung fähig sind, so ist auch das menschliche Denken der Steigerung, einer realen Entwicklung fähig. Nun nicht in dem Sinne, daß es noch schärfer, noch klüger, noch intellektueller wird, sondern in dem Sinne, daß es einer Wandlung fähig ist. Nach dieser Wandlung suchen wir im Grunde genommen alle dann, wenn wir merken, wie wir mit unserem scharfen, klugen, analysierenden, kombinierenden Intellekt doch immer nur ein Stück weit kommen und an bestimmten Grenzfragen stehenbleiben müssen. Steiner fußt dabei auf der Tatsache, die sich Ende des vorigen Jahrhunderts so ungeheuer der abendländischen Wissenschaft aufgedrängt hat: alles ist in Entwicklung! Alle organischen Phänomene, die gesamten Naturreiche sind durch Jahrmillionen hindurch in einer Höherentwicklung, in einer fortwährenden Wandlung begriffen. Gewiß bleiben Entwicklungsstufen aus vergangenen Jahrhunderttausenden stehen. Der Fisch zum Beispiel ist eine Erinnerung an eine Schöpfung der Urzeit usw. Aber es *ist* alles in Entwicklung. So taucht die Frage auf: Sollte die Natur ausgerechnet bei ihrer höchsten, edelsten Fähigkeit, die sie erzeugt hat, beim Denken, das Entwicklungsgeheimnis und die Entwicklungsfähigkeit abstoppen? Das wird von Steiner verneint.

Für diesen Denker und Forscher sind die Wege der Konzentration und Meditation – in bestimmter Weise gegangen – die Mittel, um das Denken zu verwandeln. Mit dem Denken werden dann allerdings weitere innere Seelenfähigkeiten des Menschen, das Fühlen und das Wollen, mitverwandelt und damit der Mensch in einer ganz neuen Weise den geistigen Welten, den geistigen Realitäten im Sinne neuer Erfahrungsmöglichkeiten aufgeschlossen. Das Denken, umgewandelt zum Organ des Schauens, das sich in Goethes anschauender Urteilskraft schon keimhaft vorfindet, gibt die Möglichkeit, das Grundprinzip der Wissenschaft, die Erfahrung, in übersinnliche Bereiche hineinzutragen und damit Naturwissenschaft zur Geisteswissenschaft zu steigern.

Es handelt sich nur noch um die Frage des Wie. Wie soll eine solche Entwicklung und Steigerung stattfinden? Bevor ich auf dieses Wie übergehe, möchte ich aber noch etwas anderes betonen. Wir müssen uns zum Bewußtsein bringen, daß wir in unserem «Normalbewußtsein», dem wachen Tagesbewußtsein – und das wissenschaftliche Bewußtsein ist ja nur eine besonders klare Ausprägung unseres Tagesbewußtseins –, ganz gewiß die geistigen Realitäten nicht erreichen können. Das wurde von Denkern und Philosophen genügend aufgezeigt, und das erlebt der Mensch ja auch jederzeit. Dies ist so, weil wir mit diesem Bewußtsein gebunden sind – und das wird gerade der Arzt und Physiologe verstehen – an die Leiblichkeit, an das richtige Funktionieren der Leiblichkeit. Wir brauchen eine scharfe Augenlinse, ganz bestimmte anatomische und physiologische Bedingungen, um eine klare Wahrnehmung machen zu können; wir brauchen aber auch ein mit Sauerstoff versorgtes Gehirn, wo ganz bestimmte Umsetzungen des Eiweißes, des Phosphors, des Sauerstoffs usw. stattfinden, um das denkende Bewußtsein entfalten zu können, das wir eben normalerweise entfalten. In die geistigen Welten in Realität eintreten, heißt aber: *leibfrei* geistige Erfahrungen machen zu können.

Steiner hat den Begriff des leibfreien, sinnlichkeitsfreien Denkens geprägt. Der Wissenschaftler wendet hier sofort ein: ein Denken, das nicht mehr Erfahrungen verarbeitet, die von den Sinnen herkommen, also sinnlichkeitsgebunden bleibt, muß in der Phantastik, in spekulativer Metaphysik oder irgend etwas ähnlichem enden. Darum geht es! Enden wir dann in der Phantastik, oder gibt es eine Möglichkeit zu exaktem leibfreiem Erleben? Leibfrei sind wir nach dem Tode; darüber kann kein Zweifel sein. Wir sind nach dem Tode blind, wir sind taub, wir sind unfähig zu irgendeiner äußeren Wahrnehmung. Würden wir das bleiben, dann wäre unsere Existenz lahmgelegt. Wer sich also das Todeserlebnis zum Bewußtsein bringt, kommt schon rein logisch zu dem Schluß: Soll ein Leben weitergehen, dann muß eine Metamorphose der menschlichen Entelechie und des bisherigen Alltags- oder Gegenstandsbewußtseins stattfinden, in der so etwas wie neue, über die Leiblichkeit, über die Sinne hinausgehende, also übersinnliche Wahrnehmungen möglich sind. Der Schritt, den die Anthroposophie macht, ist im Grunde genommen gar nicht so neu; er ist ja nur das, was uns allen bevorsteht, wenn wir die Todesschwelle überschritten haben. Man hat den Schlaf den «Bruder des Todes» genannt. In der Tat überschreiten wir die Todesschwelle in gewisser Beziehung jede Nacht; denn wir sind in der Nacht bis zu einem gewissen Grade leibfrei. Aber in dem Augenblick, wo wir uns des Gehirninstrumentes nicht mehr bedienen, weil dieses Instrument aus den tiefen biologischen Kräften neu restauriert werden muß, ungestört vom Gebrauch bei Tage, sind wir ohne Bewußtsein. Allerdings zeigt bereits der Traum, der für viele ja besonders wichtig ist, daß es dazwischen Bereiche gibt, andere Bewußtseinsformen, wo das Ich nicht mit Tageshelligkeit eingeschaltet ist, wo überraschende Phänomene uns bereits begegnen können.

Das Anliegen Steiners war im Grunde genommen, das Bewußtsein so zu stärken, das Denken so zu erkraften, daß trotz dem Heraustreten aus der Leiblichkeit die Bewußtseinswachheit erhalten bleibt. Dabei wird diese Wachheit selbstverständlich eine andere Form annehmen als die Wachheit unseres alltäglichen Intellektes, unseres täglichen Wachseins. Das Ziel der Meditation im Sinne Steiners ist also unter anderem, die menschlichen Zentralkräfte, die im Denken sich offenbaren, so zu stählen, so zu trainieren, so unabhängig zu machen von dem leiblichen Getragensein, daß eben leibfreies Erleben möglich ist, daß das Überschreiten der Schwelle von der sinnlichen zur übersinnlichen Welt nicht in die Nacht der Bewußtlosigkeit hineinführen muß.

Man würde gar nicht wagen, in der heutigen Zeit als Wissenschaftler so etwas auszusprechen, wenn nicht sämtliche Religionen und Weltanschauungen, sämtliche christlichen und vorchristlichen Auffassungen und Kulturen von der Realität geistiger Offenbarung und Erfahrung sprechen würden. So neu ist also das Anliegen der Anthroposophie im Abendlande gar nicht. Wer nicht gänzlich materialistisch durch die Welt geht, wer auch nur eine Seite der Bibel ernst nimmt, muß zugeben, daß es von jeher reale geistige Erfahrungen gegeben hat. Er kann nur fragen: Sollte ein für allemal der Menschheit der Zukunft die Möglichkeit neuer geistiger Erfahrung verschlossen sein?

Ausgehend von einer Meditation, die man in dem Buche «Wie erlangt man Erkenntnisse der höheren Welten?» findet, möchte ich ein ganz konkretes Beispiel eines solchen Weges nach innen darstellen. Es muß aber noch dazu gesagt werden: Steiner ist sich selbstverständlich bewußt, daß ein solcher Weg zur Umwandlung des menschlichen Bewußtseins mit großen Gefahren verbunden sein kann. Dort, wo sich das Innere des Menschen geistig öffnen soll, kann sich viel stärker als beim naturwissenschaftlichen Bewußtsein, das sich auf das äußere Instrument stützt, alles einschleichen, was in uns an Egoismen, Unreinheiten, Sympathien oder Antipathien als reale Seelenkräfte lebt. Daher darf der meditative Weg Steiners gar nicht gegangen werden, kann auch gar nicht gegangen werden, wenn nicht die Umrahmung mitberücksichtigt wird. Diese Umrahmung ist ja ein immer wieder neuer Appell an die Stählung der moralischen Kräfte des Menschen. Ich kann hier auf diese Bedingungen und anderweitigen Übungen einer seelischen Läuterung nur ganz kurz eingehen. Sie alle sind dazu angetan, die seelische Gesundheit des Menschen so stark wie nur irgend möglich zu machen; so muß ein etwa zur Phantastik veranlagter Mensch als allererstes daran arbeiten, die Phantastik zu besiegen. Ein irgendwie stark subjektiv eingestellter Mensch muß als allererstes seine allzu großen Sympathien oder Antipathien bekämpfen. Außerdem setzen diese Meditationen voraus, was in diesem Buch geschildert wird als der Pfad der Andacht, der Pfad der Ehrfurcht.

Man sieht daraus, daß einerseits Steiner ausgehen muß vom Modernsten und Letzten, was der Mensch als Krone der Schöpfung beinhaltet, vom Denken, und andererseits doch wieder sagt: Die an der Umwandlung des Denkens einsetzenden Bemühungen allein haben keinen Sinn, wenn nicht die moralischen Tiefenkräfte des Menschen die Atmosphäre herbeiführen, in der das Abenteuer der Vernunft, so möchte man sagen, gewagt werden kann.

Das nur als Hinweis auf gewisse Voraussetzungen moralischer Art. Wir erfahren da von sechs Grundübungen, zum Beispiel von der Übung in der Schulung klaren Denkens: Man nehme einen einfachen Gegenstand, einen Bleistift, eine Stecknadel oder eine Sicherheitsnadel, und mache sich ganz klar, wie zweckmäßig dieses Ding geformt ist, warum eine Stecknadel nicht 10 cm lang ist, sondern nur 3 cm, warum sie nicht aus Holz besteht, sondern aus Stahl usw. Solch sachliche, nüchterne Überlegung als Vorübung zur Meditation ist zugleich eine Konzentrationsübung im klaren Denken. Oder Sie finden: Man nehme sich einige Monate vor, prinzipiell die Kraft der Positivität zu schulen; man nehme sich in einer Zeitperiode vor, die Kraft der Gelassenheit zu üben; man nehme sich vor, den Willen zu schulen, das bewußtere Eintauchen des Ich in die Willenssphäre, in der man mit völliger Freiheit sich sagt: Jeden Tag um die und die Zeit tue ich irgend etwas Belangloses, aber etwas, wozu mich niemals die Außenwelt gezwungen hätte. Sie zwingt mich dazu, die Krawatte anständig zu binden; sie zwingt mich zu tausend Dingen; aber sie zwingt mich niemals dazu, jeden Morgen um 8 Uhr eine rechte Fensterscheibe aufzumachen, zweimal hin und her zu schwenken und drei Sekunden später wieder zu schließen, was eine sinnlose Handlung ist. Aber ich habe meinen Willen gestärkt, indem ich sie drei Jahre lang durchführe, gleichgültig ob zu Hause oder im Hotel; Fensterscheiben gibt es überall. Soviel nur zum Thema «Umrahmung». Erst wenn solche Bedingungen in Freiheit erfüllt werden, kann der Weg der eigentlichen Meditation gegangen werden.

Steiner führt da zum Beispiel im Kapitel «Kontrolle der Gedanken und Gefühle» aus: «Man lege ein kleines Samenkorn einer Pflanze vor sich hin. Es kommt darauf an, sich vor diesem unscheinbaren Ding die rechten Gedanken intensiv zu machen und durch diese Gedanken gewisse Gefühle zu entwickeln.» Man soll sich dieses Samenkorn genau anschauen; man lebt also zunächst noch in der Wahrnehmungssphäre nach außen. Man beschreibt es mit allen Sinneswahrnehmungen, die möglich sind: es ist hart, es ist rauh, es ist klein, es hat eine gewisse Schwere, die minimal ist usw. Dann geht man allmählich nach innen und stellt sich vor: «Aus diesem Samenkorn wird eine vielgestaltige Pflanze entstehen, wenn es in die Erde gepflanzt wird.» Jetzt beginnt bereits die Phantasie, die innere Vorstellung, zu arbeiten. Wir sind aufgefordert, die Augen zu schließen und die werdende Pflanze so genau wie möglich innerlich zu erbilden. Eine beginnende Meditation. Und doch würde ich sagen, wenn Sie ein Samenkorn innerlich zur Pflanze umbilden, haben Sie noch keine eigentliche Meditation, sondern nur eine Konzentrationsübung. Aber Sie haben einen interessanten Vorgang: Sie haben Ihr Denken einerseits eingeschaltet und andererseits abgestellt. Denn wenn Sie etwa eine Pflanze innerlich erstehen lassen, vielleicht sogar wieder verwelken lassen, sind Sie überhaupt nicht um einen Gedanken gescheiter geworden. Sie haben kein neues Naturgesetz gewonnen, keine neue Erkenntnis. Das ist das Unangenehme für den abendländischen Menschen, daß er sich seiner Denkkraft bedienen soll, ohne weiterzukommen! Denn im allgemeinen denkt man, um klüger zu werden, um gedankliche Ergebnisse als Erkenntnisfrüchte einzuheimsen. Als ein sehr unangenehmer, zumindest aber ungewohnter Zustand also beginnt das Meditieren. Es beginnt merkwürdigerweise mit einer Art Anhalten des logischen Vorgehens. So etwas hat Goethe wie aus instinktiver Weisheit gehandhabt, indem er Blatt für Blatt verfolgte, umbildete und nicht spekulierte über eine theoretische Lebenskraft, welche das undurchschaute Wesen eines Organismus erklären sollte. Im inneren Nachplastizieren des Naturwerkes kam er zu einer ganz neuen, nicht logischen Erkenntnis, zum inneren Erlebnis der Urpflanze. Diese Seite des meditativen Prozesses kommt besonders heraus, wenn als Inhalt ein Wahrspruch oder ein symbolartiges Bild gewählt wird, auf dem der Seelenblick ruht.

Man könnte die blühende Pflanze selbst als Vergleich nehmen für den Vorgang der Konzentration und das Atemanhalten des Denkens in der Meditation, die ein Ganz-bescheiden-Werden im logischen Denken ist. Blühen heißt: sich höherentwickeln, Fortschritte machen, eine neue Stufe erringen. Wie macht es die Pflanze? Sie kann nicht vom Sprießen direkt zum Blühen übergehen. Sie muß vorher das Wachstum der Sproßblätter anhalten und gleichsam rückwärts wachsen. Sie muß mitten in der Evolution, in der Ausdehnung des Sprosses, sagt Goethe, ihre blütennahen Hochblätter kleiner und kleiner gestalten. Das Blatt wird kleiner, je höher es am Sproß hinaufrückt, und verschwindet schließlich. Es zieht sich so zusammen, daß wir es im Kelchblatt nur noch mit einem kümmerlichen Rudiment zu tun haben. Der Stengel zieht sich in der Blütenknospe selbst zusammen, punkthaft konzentriert, und – wie durch den Nullpunkt hindurchgehend – aufersteht das Blatt in der Blütenkrone. Es hat dabei die Fähigkeit verloren, Stärke zu bilden, lebendige Substanz zu bilden, hat einen Verlust in Kauf genommen und öffnet sich in einer neuen Weise der gleichen, scheinbar der gleichen Welt, dem Lichte. Es tritt als Blütenblatt in einer neuen Offenbarung in Erscheinung und hat so ein neues Organ für das Licht gebildet.

Diesen Vergleich nehme ich nicht ohne Absicht. Er hängt mit bestimmten Realitäten unseres eigenen Wesens zusammen. Denn es handelt sich bei der angedeuteten Entwicklung des Denkens um seine Metamorphose, um seine Überwindung und seine Steigerung. Wir werfen die modernste Fähigkeit des Abendlandes, klares, nüchternes Denken, selbständiges Urteilen, Durchschauenwollen der Dinge, nicht weg, um irgendwo aus mystischen Tiefen heraus zu Geisterlebnissen zu kommen. Das könnte man selbstverständlich auch. Der Spiritismus, das Wesen des Mediumismus, alle Trance- und Rauschzustände zeigen zur Genüge, wie man das Ich ausschalten und irgendwie in Lockerungszuständen, in Leibfreiheiten unbeschwert, aber auch unkontrolliert von der eigenen klaren Urteilskraft zu irgendwelchen übersinnlichen Erlebnissen kommen kann. Dann handelt es sich um irgendein Hellsehen, aber nicht um Geisteswissenschaft. Rudolf Steiner geht es darum, das selbstbewußte Ich als Kern der Individualität mitzunehmen; darin beruht das Moderne der Anthroposophie, das dem abendländischen Geistesleben Angemessene. Es wird dieses Geistesleben gerade dort weitergeführt, wo es seine edelste Frucht ausgebildet hat: im klaren, ichhaften, selbständigen Denken.

In diesem Sinne erlauben wir es uns, innerlich, in rhythmischer Wiederholung, Gedankengebilde zu entfalten, durch die man nicht klüger wird. Es geht uns dabei wie einem Radfahrer, der zehn Runden macht und eben kein neues Ziel erreicht, sondern immer wieder an der alten Stelle ankommt. Was hat er gewonnen? Nichts Neues! Er kennt längst den Weg. Er hat Muskelkraft gewonnen! So gewinnen wir in diesem Anhalten des Denkens konzentriertere Kraft in einer Art Stählung des Inneren; denn es gehört ja immer dazu die Fähigkeit, alles Störende der Außenwelt, alles Störende der Erinnerungsbilder, alle störenden Gefühlselemente auszuschalten und in völliger Wachheit, Reinheit und Klarheit diese Gedankengestalt aufzubauen. Es gibt keine Meditation im geisteswissenschaftlichen Sinne ohne die Kraft der Konzentration.

Steiner fährt in obiger Meditationsanweisung fort: «Was ich mir jetzt in meiner Phantasie vorstelle, das werden die Kräfte der Erde und des Lichtes später wirklich aus dem Samenkorn hervorlocken. Wenn ich ein künstlich geformtes Ding vor mir hätte, das ganz täuschend dem Samenkorn nachgeahmt wäre, so daß es meine Augen nicht von einem wahren unterscheiden könnten, so würde keine Kraft der Erde und des Lichtes aus diesem eine Pflanze hervorlocken. Wer sich diesen Gedanken ganz klarmacht, wer ihn innerlich erlebt, der wird sich auch den folgenden mit dem *richtigen Gefühle* bilden können. Er wird sich sagen: in dem Samenkorn ruht schon auf verborgene Art – als *Kraft* der ganzen Pflanze – das, was später aus ihm herauswächst. In der künstlichen Nachahmung ruht diese Kraft nicht. Und doch sind für meine Augen beide gleich. In dem wirklichen Samenkorn ist also etwas unsichtbar enthalten, was in der Nachahmung nicht ist.»

Wir dürfen jetzt nicht mehr bei der bloßen Vorstellung der beiden Samenkörner stehenbleiben. Das innere Durchleben des Gedankens kann zu einer Art schreckhaftem Erstaunen führen. Und man kann mitempfinden, daß es etwas wie ein Gefühl des Schmerzes sein kann, der Enttäuschung, der Bitterkeit, wenn man sich schließlich sagen muß: Meine Augen sind nicht fähig, ein lebendiges, zukunftsträchtiges Samenkorn von einem künstlich nachgeahmten zu unterscheiden. Das muß dabei herauskommen; wir stehen mitten im wirksamen Meditieren, wenn wir diese Enttäuschung gewissermaßen durchmachen, daß die Augen Grenzen besitzen bei all ihrer Klarheit. Wir werden dadurch von der Täuschung befreit, daß das Wesentliche im Samen äußerlich, sinnlich greifbar ist. Es wächst uns die Kraft der Unbefangenheit und der Mut, das Wesen des Lebens in dem uns zunächst Unsichtbaren zu suchen.

Weiter heißt es bei Steiner: «Auf dieses Unsichtbare lenke man nun Gefühl und Gedanken.» Hier wird das Gefühl zuerst genannt! «Man stelle sich vor: Dieses Unsichtbare wird sich später in die sichtbare Pflanze verwandeln, die ich in Gestalt und Farbe vor mir haben werde. Man hänge dem Gedanken nach» – und damit schließt die Meditation ab – «das Unsichtbare wird sichtbar werden. Könnte ich nicht denken, so könnte sich mir auch nicht schon jetzt ankündigen, was erst später sichtbar werden wird.» Nun kann das Gefühl der Enttäuschung in ein gewissermaßen beglückendes Gefühl übergehen, weil man merkt: Ich bin ja nicht nur auf meine Augen angewiesen; gerade das, was ich nicht sehe, was meine Augen auf Grund ihrer körperlichen Begrenztheit nicht zulassen, kann ich innerlich voraus-erstehen lassen. Ich kann diese Pflanze innerlich erstehen lassen, nur ist sie noch nicht mit Materie ausgefüllt. Natürlich kann man sich dann auch einmal erlauben, sich zu fragen: Was ist es wohl für eine innere Fähigkeit, die in jedem Augenblick vorausnehmen kann die Zukunft dessen, was draußen die Natur der Pflanze über das keimende, wachsende Samenkorn in langer Arbeit einmal hinstellen wird? Besteht eine Verwandtschaft zwischen diesem inneren, unsichtbaren, unmateriellen Wachsenlassen und dem, was materiell draußen einmal wachsen kann?

«Besonders deutlich sei es betont: Was man da denkt, muß man auch intensiv fühlen. Man muß in Ruhe, ohne alle störenden Beimischungen anderer Gedanken den einen oben angedeuteten in sich erleben.» Es gipfelt die geschilderte Meditation in diesem einen Gedanken: «Das Unsichtbare wird sichtbar werden.» Man merkt allmählich: Alles andere war nur Vorbereitung, um jetzt diesen einen Gedanken als wesentlichen Meditationsinhalt soweit als möglich – es gelingt sicher nur nach wiederholten Übungen – wirksam werden zu lassen.

So finden wir immer wieder geschildert, gleichgültig, welche Meditationsinhalte nun gegeben werden, daß es darauf ankommt, sie zum Erlebnis werden zu lassen. Dann wird die Meditation fruchtbar. Wir sehen, wie wir aus eigener Kraft etwas hinstellen, wozu uns die Außenwelt höchstens zunächst anregt, dann aber keine Anregungen mehr gibt. Wir müssen innerlich aktiver werden. Jeder weiß das, der meditiert, gleichgültig, welche Schule er in Anspruch nimmt. Wir werden durch jede Meditation zu einer gewissen Geistesgegenwart erzogen im Sinne der Konzentration und der Erkraftung der Erlebnisfähigkeit.[1] Das exakte Gegenbild einer meditativen Seelenhaltung erleben wir in der heutigen Zivilisation im Großstadtverkehr, im Kino, beim Fernsehen, beim Fußballspiel usw. Die Seele wird von außen mit Sensationen überflutet, bleibt passiv und wird eigentlich gezwungen, zu Seelenerlebnissen zu kommen. Deren Qualität ist natürlich dann anders, als wenn wir meditativ – gewissermaßen aus dem Nichts heraus – konkrete Gefühlserlebnisse wecken. Der angedeuteten Veräußerlichung als Folge des modernen Zivilisationsbetriebes und seiner Nervosität erzeugenden Reizüberflutung stellt deshalb der Meditierende einen zugleich heilsamen Verinnerlichungsprozeß gegenüber.

Diese Aktivierung des Innern, die bis zum Wecken neuer, in Freiheit erzeugter Gefühle geht, ist erforderlich, um die Seele zur Leibfreiheit zu erziehen. Es gehen dabei reale Vorgänge vor sich, die hier nicht näher erklärt werden können. Steiner schildert, wie solche Gefühle etwas wie eine Nahrung abgeben für die tiefere Seele. Was in der Meditation zur Wirkung kommt, kann überhaupt erst auf dem Umweg über die Nacht, über die Erlebnisse der menschlichen Seele im

---

[1] Die sogenannte transzendentale Meditation muß anders beurteilt werden, da sie die Konzentration auf konkrete gedankliche Meditationsinhalte als erneute innere Streßsituation ablehnt.

Schlaf, sich so mit den Wesenstiefen verbinden, daß allmählich jene Umwandlungen in den inneren Wesensgliedern, im seelisch-geistigen Gefüge des Menschen vor sich gehen, die eben zu einem neuen, leibfreien Erleben vorbereiten. Diese Umwandlungen, die an gewissen charakteristischen Veränderungen der Aura geistig abzulesen sind, findet man auch bei Steiner geschildert. Ich brauche hier nicht auf sie einzugehen.

Es ist nicht meine Aufgabe, die ganze Stufenfolge solcher Meditationsmöglichkeiten hier darzustellen. Man kann statt eines Samens auch einen Spruch oder ein Mantram als Meditationsinhalt nehmen, ein Bild oder einen Abschnitt aus der Bibel. Wesentlich ist jedoch, wenn die Meditation gemacht wird, um einen Erkenntnisweg zu gehen und nicht nur einen Weg der Erbauung, daß ein innerer Aufbau vorliegt. Die Samenkorn-Meditation ist ja schon eine komplizierte Vorstellungsfolge. Eine echte Meditation in diesem Sinne muß enthalten Keime innerer Führungen, Polaritäten und Steigerungen, die auch die angedeuteten Gefühlsskalen in einer ganz bestimmten Reihenfolge auslösen. Dazu bedarf es selbstverständlich des geschulten, man möchte sagen weisheitsdurchdrungenen Bewußtseins, solche Meditationsfolgen, solche inneren Organisationen, in der Gedankenfolge zu schaffen. Sie müssen wie aus der Urbildhaftigkeit der geistigen Welt selbst gebildet sein, um als Gedankenleiter dienen zu können, die uns in diese Welten hineinführt.

Es ist aber noch etwas anderes wichtig, etwas sehr Überraschendes und gerade auch für den Naturforscher sehr Beglückendes. Steiner spricht von dem meditativen Weg so, daß er vom Geistesschüler eine neue bewußte Pflege der ganzen Welt der Wahrnehmung, jetzt der äußeren, der sinnlichen Wahrnehmung, der Wahrnehmung des Lichtes, der Farben, der Töne usw. verlangt. Wir sollen uns anerziehen, bewußt und klar zum Beispiel das werdende, sprießende, wachsende Leben, eine Pflanze, eine Blüte, die Art, wie eine Pflanze keimt, zu beobachten. So intim, so wach, so konzentriert wie möglich sollen wir einmal auf die Welt der Töne hören. Man hört vielleicht von irgendeinem Kirchturm her einen Glockenton; man nehme ihn einmal ganz bewußt wahr, man ist für ihn da, man schicke die Seele gewissermaßen ganz hinaus, man werde so wach wie möglich in den Sinnen. Das ist nichts Neues. Dazu ist ja gerade der Naturwissenschaftler gezwungen, sich so intensiv wie möglich mit den Wahrnehmungen in der Außenwelt zu verbinden. Er muß es, um zum zweiten Schritt, zur logischen Verarbeitung der Wahrnehmungen, übergehen zu können. Steiner verlangt ebenfalls einen zweiten Schritt. Ich möchte ihn nennen: das meditative Verhalten gegenüber der Welt der sinnlichen Wahrnehmung.

Was verlangt hierbei Steiner? Er sagt, wenn man so wach wie möglich eine Wahrnehmung gemacht hat, vom Ich gelenkt, nicht von außen dazu gezwungen, dann schließe man sozusagen die Augen und versuche zu hören, was in der Seele aufsteigt. Man kann dabei an einem sprießenden, sprossenden Gegenstand ein ganz anderes Gefühlserlebnis haben als an einem welken, verdorrenden, etwa einer verblühenden Rose. Man achte auf diese Gefühlsnuancen! Sofort kann man einwenden: Da kommt man ja ganz in die Subjektivitäten des menschlichen Erlebens hinein! Steiner macht auch darauf aufmerksam, daß der künstlerisch empfindende Mensch besondere Qualifizierungen hat, um diesen Erkenntnisweg zu gehen, was natürlich den Geistesschüler in den Augen des naturwissenschaftlichen Schülers sofort verdächtig macht; denn die Kunst wird heute zumeist als Subjektivismus aufgefaßt. Allerdings nicht im Sinne Goethes, der sagt: «Die Kunst ist die Offenbarung höherer Naturgesetze.» Was meint Steiner? – Goethe hat es merkwürdigerweise wiederum vorgelebt. Goethe hat, ich glaube als erster, den Begriff des sinnlich-sittlichen Gefühles geprägt. In seinem Werk über die Farbenlehre hat er ein Kapitel über die sinnlich-sittliche Wirkung der Farbe geschrieben. Jeder kennt das Phänomen, daß, wenn man eine rote Blume ansieht und das Auge schließt, das grüne Gegenbild in Erscheinung tritt. So erzeugt das Auge aus seiner Aktivität heraus, in einem vom Bewußtsein losgelösten Vorgang, die Gegenfarbe. Dieser Vorgang ist ganz objektiv, so objektiv, daß zu einer warmen Farbe immer eine aus der kalten Seite des Spektrums kommt und zu einer Farbe aus dem kalten Teil des Spektrums eine ergänzende aus dem warmen. Wie in einer unbewußten Sehnsucht sucht das Auge, wenn es einen Sektor des Lichtes farbig erblickt, die Ganzheit des Spektrums zu erleben. Das sind objektive Vorgänge des Reagierens in der Physiologie des Auges. In diesem Sinne hat Goethe bemerkt, daß nicht nur das Auge als physiologischer Apparat reagiert. Wenn man nach einer Sinneswahrnehmung zunächst den Verstand abschaltet, bleibt doch noch etwas übrig: die Reaktion der fühlenden Seele. Sie sagt: Gelb stimmt mich heiter, blau kühl, demütig, mehr passiv; rot aktiviert mich. Goethe spricht vom sinnlich-sittlichen Gefühl. Er war der Überzeugung, daß der Mensch ein so vollendetes Instrument aus der Hand Gottes ist, daß solch ein Experiment Objektivitäten ausspricht. Darauf vertraut auch Steiner.

Rudolf Steiner fordert uns auf, im Grunde genommen gegenüber der ganzen Welt der Wahrnehmung zu einem sinnlich-sittlichen Erleben, zu sinnlich-sittlichen Gefühlen zu kommen. Das gelingt aber nur durch ein meditatives Verhalten. Der Weg geht nach innen. Die Naturwissenschaft steigert die Wahrnehmung durch Technizismen nach außen. Wir sind aber jetzt als abendländische Menschen, die so stark in der Wahrnehmung leben, aufgefordert, einen Prozeß der Verinnerlichung auszuüben und zu merken: aus den Sphären des Moralischen, also des Willenselementes, aus der Sphäre des Fühlens will ein Echo entstehen. Es ist eben etwas, wozu der heutige Mensch durch den Lärm der Großstadt, durch Fernsehen usw. überhaupt nicht mehr sich erziehen kann, weil er von Erlebnis zu Erlebnis, von Sensation zu Sensation eilt und sich nicht die Ruhe nimmt, ein Erlebnis in gemüthafter Konzentration nachklingen zu lassen. Steiner beschreibt, wie aus solchen nachklingenden sinnlich-sittlichen Gefühlen, weil sie aus den tiefen Schichten unseres objektiven Seelenlebens kommen, sich wiederum die Organe der geistigen Wahrnehmungen bilden. Das sinnlich-sittliche Fühlen als moralisches Naturerleben erspürt die Seite der Wahrnehmung, wo sie im Sinne Goethes zum Gleichnis für das Unvergängliche wird. Dieses wird uns langsam durch die geschilderte Beseelung der Wahrnehmung erschlossen.

Die Umschmelzung des Denkens zum Organ geistigen Schauens kann das Denken allein nicht bewältigen. Es muß der ganze Mensch in seinem Fühlen und Wollen aktiviert werden, in seiner Erlebnisfähigkeit, im Gefühlsgebiet, in der Ansprechbarkeit seines Willens. Die Frucht eines solchen vielfältigen, jahrelangen Schulungsweges kann ja nun sein, daß das Denken zu einem wirklichen Schauen innerlich erblüht, so daß von bestimmten Ideen etwas abfällt, wie das äußere Kleid der Idee, und das Wesenhafte der Idee selbst in Erscheinung tritt, allerdings wie durchstrahlt von dem Charakter des echten Willens. Das Denken wird zur ichdurchstrahlten Imagination emporgeführt. Betrachten wir so einmal das Urgeschehen der Taufe am Jordan als Beispiel einer echten Imagination. Subjektiv wird das Bild der Taube zur erlebbaren Hülle für ein objektives Geistgeschehen. Dieses hätte sich nicht in das Bild eines Sperlings oder eines Geiers kleiden können. Der Organismus Johannes des Täufers ist aufgeschlossen genug, um dieses Geistgeschehen zwar nicht direkt, aber indirekt ins Bild gekleidet als objektive Wahrheit empfangen zu können. In diesem Sinne ist das erste Erleben der übersinnlichen Welt ein bildhaftes Schauen oder Hellsehen, wenn man so sagen will.

Die nächste Stufe geistiger Erfahrung kann ich nur andeuten. Rudolf Steiner verlangt, daß die Bilder in Freiheit überwunden und zu einem neuen Nullpunkt geführt werden müssen. Auf diesem Wege kann auch das Fühlen leibfrei werden, und es taucht die Fähigkeit der Inspiration auf. Das Bildkleid fällt ab, das Wesen selber beginnt zu sprechen. – Nehmen wir wiederum das Beispiel der Jordantaufe. Es erklingt eine göttliche Stimme. Ein Wesen offenbart sich jetzt nicht nur im Bilde – wesenhaft berührt es das Bewußtsein des Täufers. Das ist eine höhere Stufe. – Wenn schließlich die Willenskräfte aus ihrer Verhaftung an die Leiblichkeit frei werden, die verbunden sind mit den Kernkräften der Persönlichkeit, spricht Steiner von der Intuition, wo Geistwesen dem Geistwesen selbst begegnet. Natürlich sind das Abstraktionen, wenn man es so ausspricht. Aber hier kann ich nur den Weg skizzieren.

Da von Meditation als Erkenntnisweg gesprochen wurde, sei zum

Schluß noch auf eine geisteswissenschaftliche Erkenntnis hingewiesen. Wenn die Samenkorn-Meditation von Erfolg begleitet wird, schildert Steiner, wie das echte Samenkorn für das innere, jetzt geöffnete Auge zu erstrahlen beginnt, von einer Aura umgeben wie von einer kleinen Lichtwolke. Es wird auf sinnlich-geistige Weise als eine Art Flamme empfunden. Er schildert diese Flamme in ihrer bildhaften Farbigkeit. Mit anderen Worten: Wenn wir zehn Samenkörner bekämen und zum äußeren Auge «das innere Mikroskop» hinzuentwickelt haben, könnten wir mit dem inneren Auge den zehn Samenkörnern ansehen, welche noch keimfähig sind und welche nicht. Man kann diese Fähigkeit auf den Menschen richten mit bestimmten Fragen: Was ist der Träger des Gedächtnisses? Man geht zurück in die früheste Kindheit, in der die Gedächtnisbilder verarmen; man landet im Dunkel des Bewußtseins, wo keine Erinnerungen mehr sind. Woher steigen die Erinnerungen auf, wer prägt sie? Das Geistesauge wird also im Sinne dieser Frage hingeführt wie an eine Grenze des Nichts und des Erkennens. Dann leuchtet in diesem Dunkel etwas auf; es leuchtet auf wie in einer Flamme, organisierend, rhythmisierend, gestaltend, wie objektives Denken, vom Ich losgelöst. Man wird sich einer zweiten Leiblichkeit, einer Kräfteorganisation der inneren Erfahrung bewußt, von der Paracelsus noch wußte, als er vom Archäus sprach. Die Ägypter haben darauf aus ihrem Hellsehen heraus hingewiesen und vom «Ka» gesprochen. Steiner spricht vom Ätherleib, von der Bildekräfte-Organisation. Er beobachtet sie in ihrem Schaffen und Gestalten. Das Produkt ihrer Tätigkeit sind die Organe, deren Prozesse und das Wachstum. Der Bildekräfte-Leib ist der Träger der Gesundheit, der Fortpflanzung, der inneren Erneuerung und Vererbung. Andererseits entpuppt sich der menschliche Lebensleib als der Träger des Gedächtnisschatzes. Er erneuert auch in der Nacht das Gehirn. Er arbeitet aber ganz verschieden in den verschiedenen Organen. Er schafft – jetzt imaginativ gesprochen – wie die Frühlingsnatur, wenn wir auf die Blut- und Stoffwechselprozesse hinschauen. Das Verhältnis der Bildekräfte zur Materie im Nervensystem zeigt sich hingegen mehr so wie die welkende Natur im Herbst. «Wir sterben ab im Haupte», sagt Steiner.

Die Bildekräfte werden frei; sie kehren aber nicht, wie bei einer verblühenden Pflanze, in den Kosmos zurück. Sie werden vom Ich gewissermaßen aufgefangen und tauchen als seelisches Leben, als Phantasieleben, als Gedächtnisleben, als Vorstellungsleben in uns auf. Wir schauen jetzt, begabt mit dem Auge der Imagination, hinter die Kulissen unserer Gedanken und können aus innerer Geisterfahrung, als geisteswissenschaftliches Forschungsergebnis sagen: die Substantialität unserer Phantasiebilder, unserer Gedächtnisbilder, unserer Gedankenbilder besteht aus der leibbefreiten Lebenstätigkeit. Diese schafft, gestaltet und gesundet im Ätherleib aus Weltenweisheit und göttlichen Vorsehungskräften heraus – von der Individualität zunächst relativ ungestört – im Leibe. Dies gilt besonders für die Zeit des Schlafes. In dieses paradiesische Reich der Unschuld greift der Todesprozeß, den der Mensch vom Kopf her auslöst, jeden Morgen ein. Das Zentralnervensystem ist ein welkendes Organ, das keine Zellen mehr teilen kann. Aber diesem Tod entringt sich das geistige Bilderleben, das menschliche Bewußtsein.

Die Anthroposophie ermöglicht damit, das uralte und so schwierige Problem des Zusammenhangs von Leib und Seele, von Materie und Geist neu anzupacken. Sie braucht dabei die erforschten Abhängigkeiten zwischen Gehirnprozessen und dem bewußten Seelenleben nicht zu leugnen, aber sie kann den Zusammenhang selbst in ein ganz neues Licht rücken. Die organischen Prozesse bringen als Nervenprozesse nicht auf einer höchsten, komplizierten Stufe auch noch die Gedanken hervor. Im Gegenteil! Ihnen wird eine Grenze ihres Wirkens gesetzt, an der sie überwunden werden. So erst können die Wachstumskräfte durch einen organischen Nullpunkt hindurchgeführt und zu Gedankenkräften metamorphosiert und dem Ich zur Verfügung gestellt werden. Erst wo das organische Leben zurücktritt, hat das seelisch-geistige Leben Platz, das sich nunmehr an der Sinnes-Nerven-Organisation spiegelt und seiner selbst inne wird. Damit aber wird zugleich jede materialistische Auffassung im Kern überwunden. Der in den menschlichen Organismus hineingenommene Todesprozeß entpuppt sich als der Kunstgriff der Natur, nicht nur *mehr,* sondern *höheres* Leben zu haben. – In der überwältigenden Fülle des Bilderflutens im Traumzustande hingegen ist dieser Abtötungsprozeß noch nicht ganz gelungen. Das organische Eigenleben der ätherischen Bildekräfte macht sich in diesem Zwischenzustand in gewisser Weise noch geltend.

So wird geisteswissenschaftlich die Brücke vom Bewußten zum Unbewußten in der Anthroposophie geschlagen. Man wird – vielleicht gerade als Tiefenpsychologe – empfinden, welches Licht auf viele Probleme durch diese Erkenntnis geworfen wird, auch wenn man sie zunächst nur einmal als Arbeitshypothese nimmt. Das vom Ich in Leibfreiheit ausgelöste Bild, die echte Imagination, geht sozusagen mit den geschilderten Ätherkräften in neuer Weise um. Während der gewöhnliche schattenhafte Intellektgedanke auf einem Todesprozeß beruht, können wir mit der Imagination die Lebenskräfte selber leibfrei neu ergreifen. Der imaginierende Geistesforscher lernt sich so seines Ätherleibes bedienen, wie sich der Naturforscher zunächst nur auf das Instrument der physischen Leiblichkeit stützen kann.

Es ergibt sich also, in einem Schema zusammengefaßt, folgende Reihe der Bewußtseinsstufen in ihrem Zusammenhang mit der Metamorphose der Bildekräfte:

Bewußtsein:	*Bildekräfte:*
Imagination (über-bewußt)	leibfrei, direkt ergriffen
Tag-Wachbewußtsein (hell-bewußt)	organisch losgelöst und frei gespiegelt
Traum (halb-bewußt)	halbfrei
Schlaf (un-bewußt)	organisch tätig, leibgebunden

Die Ergebnisse der Naturwissenschaft sind Früchte vom Baume der Erkenntnis. Der Prozeß der Bewußtseinsentwicklung, der mit dem

«Ihre Augen wurden aufgetan» eingeleitet wurde, fand seine Fortsetzung bis zum Bau des Elektronenmikroskops. Die Naturwissenschaft wurde geboren mit der Ausstoßung aus dem Paradies. Wir genießen vom Baume der Erkenntnis als Naturwissenschaftler und tun es mit Recht. Die Menschheitszukunft wird jedoch immer mehr verlangen, daß wir fortan auch vom Baume des Lebens genießen. Dazu sind wir aufgerufen. Was gewissermaßen verboten war bis zu einem bestimmten Zeitpunkt der Menschheitsentwicklung, ist jetzt Forderung geworden. Und es ist möglich, diese Forderung zu erfüllen, vom Baume des Lebens Früchte zu genießen. Wir können von der Naturwissenschaft zu einer neugeborenen Geisteswissenschaft übergehen, weil ein Ereignis in der Menschheitsentwicklung stattgefunden hat, durch das der Tod urbildhaft und wesenhaft überwunden wurde: das Christusereignis. Darauf möchte ich abschließend hinweisen: Ohne dasselbe wäre der geschilderte Weg zur Ziellosigkeit und zur Unfruchtbarkeit verurteilt und das Ich würde mit allen Bemühungen ins Leere greifen, es könnte die Wandlung vom leibgebundenen zum leibfreien Bewußtsein nicht vollziehen. So aber kann es der Gnade, daß der Menschheit von Golgatha ein neues Leben zufließt, jederzeit teilhaftig werden und dadurch die beschriebenen Schritte vom todverwandten Intellekt zur inneren Auferstehung in der Sphäre lebensvoller Imagination vollziehen. In diesem Sinne ist der meditative Weg der Anthroposophie zugleich realisierte Christus-Suche.

Grenzüberschreitung mit der Droge?

Seit der ersten Veröffentlichung des vorangegangenen Vortrages wurde die abendländische Menschheit in unvorhergesehener Weise mit dem Problem der Grenzüberschreitung zu neuartigen Erlebnisformen konfrontiert. Die inzwischen in unsere Zivilisation anscheinend so überraschend hereingebrochene und vom Erlebnisdrang vorwiegend heranwachsender Menschen getragene Drogen- oder Rauschgiftwelle zwingt auch solche Kreise über die Möglichkeit, Notwendigkeit oder Berechtigung einer Bewußtseinserweiterung oder zumindest -änderung nachzudenken, die ein solches Anliegen – aus welchen Gründen auch immer – bisher weit von sich gewiesen haben. Sie glaubten damit zugleich, über die Anthroposophie als einen «Erkenntnisweg, der das Geistige im Menschenwesen zum Geistigen im Weltall führen möchte» (R. Steiner), mit einem überheblichen Lächeln oder Kopfschütteln zur Tagesordnung hinweggehen zu können. Um so mehr kommen solche Zeitgenossen in Gefahr, den Satz von Huxley «Neben der durch Drogen erfahrenen Transzendenz sind andere Methoden als beim gegenwärtigen Stand des Wissens als sinnlos zu bezeichnen», für bare Münze zu nehmen. Das aus Autoritätsgläubigkeit, Dogmatik und Denkbequemlichkeit hervorgehende Versäumnis eines Jahrhunderts, den Bewußtseinswandel der Menschheit unserer Zeit nicht berücksichtigt zu haben, ist jedoch nicht so schnell nachzuholen. So zeigt sich trotz vielen guten Helferwillens im einzelnen eine öffentliche Ratlosigkeit unserer Gesellschaft gegenüber dem bedrohlichen und täglich zunehmenden Drogenkonsum. Deshalb gilt auch heute noch der Satz der *New York Times* in einem Bericht über die «Heroinpest»: «Weder Warnungen noch Gesetzesstrenge vermochten bisher die Suchtwelle einzudämmen.»

Aus der allerdings vielschichtigen Sucht- und Drogenproblematik sei hier nur ein Punkt herausgegriffen, der die psycho-physiologische Wirksamkeit der rauscherzeugenden Substanzen, insbesondere des Halluzinogens LSD betrifft. Es ist das von Dr. Hofmann 1938 erstmals aus Grundstoffen des Mutterkorns synthetisierte und seither zu trauriger Berühmtheit gelangte Lysergsäurediäthylamid. Es ist symptomatisch für die Auswirkungen des Agnostizismus unserer Zeit, daß der als Verfasser des Taschenbuches «LSD – Die Wunderdroge» bekanntgewordene amerikanische Journalist John Cashman sagen muß: «Unglaublich, daß nach über zwanzig Jahren wissenschaftlicher Forschung und klinischer Erprobung noch niemand weiß, wie und warum LSD wirkt. Immer neue Vermutungen werden angestellt, Theorien entwickelt, aber beweisen kann man sie nicht.» (1)

Ein Durchschauen der Wirkungsweisen von Drogen ist deshalb so schwierig, weil sie sich nicht nur in der chemischen Ebene abspielen, sondern in gezielter Weise tief in die Bewußtseinsvorgänge und das gesamte Gefüge des Menschen als leiblich-seelisch-geistiges Wesen eingreifen. Erst eine durch die geisteswissenschaftlichen Erkenntnisse erweiterte Menschenkunde, welche das Wechselverhältnis von Leib und Seele in der biologischen und physiologischen Ebene tiefer zu beleuchten vermag, kann hier weiterhelfen. Die folgenden Ausführungen versuchen – wenn auch nur skizzenhaft – zu zeigen, wie die im letzten Teil des vorliegenden Vortrages angedeuteten Einsichten in das Leib-/Seeleproblem sich als Schlüssel für das Durchschauen der Drogenwirkung und der damit verbundenen «psychedelischen» Erlebnisse erweisen können. Die entscheidende Entdeckung ist dabei die angedeutete Metamorphose der Wachstumskräfte in Vorstellungskräfte.

Charakteristische psychedelische Erlebnisse

Alle bewußtseinsverändernden Drogen sind mehr oder weniger schwere Gifte, die bei entsprechend hoher Dosierung zum Tode führen. Das Spezifische ihrer Wirkung ist aber darin zu sehen, daß die Giftwirkung sich vor allem auf die Bewußtseinsvorgänge mit erstreckt und das Seelenleben in allen seinen Funktionen des Wahrnehmens, Vorstellens, Fühlens und Wollens tiefgreifend zu verändern vermag. Während die Willensäußerungen des Menschen, die in Zuverlässigkeit, Durchhaltekraft, Zielstrebigkeit und Initiative gipfeln, bei gewohnheitsmäßigem Gebrauch stets geschwächt werden, zeigt sich besonders bei den als ausgesprochene Halluzinogene bekannten Stoffen ein Plus am Vorstellungspol in Richtung einer Steigerung der Bildinhalte des Bewußtseins, die sich zugleich der Führung des Ich entziehen. So schildert Dr. Hofmann seinen ersten ungewollten Selbstversuch mit LSD und anderem in folgenden Worten:

«Alles war mit einer dauernd wechselnden unangenehmen Farbe getränkt, meist ein giftiges Grün oder Blau. Mit geschlossenen Augen sah ich bunte, ständig wechselnde, phantastische Bilder. Besonders auffallend war, daß alle Geräusche – z. B. das Geräusch eines vorbeifahrenden Wagens – in visuelle Empfindungen umgesetzt wurden, so daß jeder Ton und jedes Geräusch ein dementsprechendes Bild erzeugten. Diese Bilder wechselten ständig Form und Farbe wie in einem Kaleidoskop.» (1)

Von einem späteren Versuch mit Teonanacatl, dem Zauberpilz der Mexikaner, berichtet der gleiche Forscher: «Als der Rauschzustand seinen Höhepunkt erreichte – ungefähr anderthalb Stunden nach dem Genuß der Pilze –, stieg die Flut der Bilder – meist abstrakte Motive, die sich rasch in Form und Farbe veränderten – so beängstigend an, daß ich fürchtete, in diesen Wirbelsturm von Formen und Farben hineingerissen zu werden und mich darin aufzulösen.»

Die unwahrscheinliche Fülle und die Dynamik der Bildabläufe ist nicht nur bei jedem Individuum, sondern auch bei jedem einzelnen Rausch andersartig und einem außerordentlich gesteigerten Traumerleben vergleichbar. Dieses spielt sich jedoch im Rahmen des Wachzustandes ab, der als solcher sich zwar verändert, aber gerade bei LSD-Gebrauch nicht verlorengeht. Wenn Gelpke (2) oder E. Jünger (3) recht haben, daß auch im Rauschzustand nichts in Erscheinung treten kann, was nicht schon vorher im Organismus steckte, dann taucht um so mehr die Frage auf, wo die Quelle solcher außerordentlicher und ungeahnter schöpferischer, wenn auch chaotisch auftauchender Potenzen liegt. Trotz des Wechsels der Erlebnisse kommt es zu gewissen charakteristischen Erlebnisformen, von denen wir einige herausgreifen wollen mit praktischen Beispielen, wie sie Cashman bringt.

Die Wahrnehmungen der Sinne verzerren sich, wobei sich die Farbwahrnehmungen intensivieren können. «Die Dimensionen des Raumes kamen in Bewegung, veränderten sich dauernd, verschoben sich erst zu einem zitternden Rhombus, dehnten sich dann zu einem Oval, als pumpte jemand das Zimmer so lange mit Luft auf, bis die Wände zu zerreißen drohten. Ich hatte Mühe, mich auf die Gegenstände zu konzentrieren.»

Dabei kommt es zu einer grundlegenden Störung des normalen Raum- und Zeitgefühls: «Ein Zeitgefühl hatte ich nicht» ... «Die Zeit scheint stillzustehen oder kriecht so langsam vorüber wie eine Schnecke.» Meist aber kommt es zu unglaublichen Beschleunigungen in der Bild- oder Vorstellungsfolge: «Die Gedanken überstürzten sich in rasender Ideenflut. Erinnerungen laufen vor dem inneren Auge mit der Klarheit eines Filmes ab.» Oder: «Vielsilbige Impressionen rasten mit Lichtgeschwindigkeit durch mein Bewußtsein.» Besonders interessant sind filmartig ablaufende Rückschauerlebnisse, wobei es in unglaublich kurzer Zeit zur «Reproduktion verschütteter Gedächtnisinhalte» kommt, «ein Mysterium, das den Zweifel ausschließt, denn den Märtyrern des Opiums wieder-holt es sich im Rausch zehntausendmal», wie de Quincey aus eigener Erfahrung berichtet (zitiert nach Gelpke).

Die scheinbare Auflösung von Raum- und Zeitgebundenheit führt zu Erlebnissen des Fliegens, Schwebens oder des Überwindens der Schwere mit dem Gefühl der Ausweitung in den Kosmos. Der sogenannte Trip ins Innere wird so als kosmische oder himmlische Reise empfunden mit charakteristischen Lichterlebnissen. So schließt Gelpke die Schilderung eines eigenen Rausches mit Psilocybin, dem

LSD-verwandten Wirkstoff des Teonanacatlpilzes, mit folgenden Worten ab:

«Dieser Rausch war ein Weltraumflug – nicht des äußeren, sondern des inneren Menschen, und ich erlebte die Wirklichkeit einen Augenblick von einem Standort aus, der irgendwo jenseits der Zeit liegt.»

Andere schildern: «Die Gegenstände zerflossen zu einem trüben Nichts oder segelten ins All hinaus, machten Ausflüge im Zeitlupentempo ... mein Körper schmolz in Wellen dahin ...»

«Plötzlich breche ich in einen ungeheuren, neuen, unbeschreiblichen Kosmos ein.» Oder:

«Es gab keine Zeit, keinen Ort, kein Ich. Es gab nur kosmische Harmonie ... der Himmel war auf Erden. Alles war lebendig.»

Auch wenn kein ausgesprochen negativ empfundener Rauschzustand, also ein sogenannter Horror-Trip mit Gefühlen der Angst, des Entsetzens, der Bedrückung oder der Vernichtung zustande kommt, tauchen nicht selten todesverwandte Erlebnisse auf:

«Mein Geist wurde vom Ich, vom Leben, ja sogar zum Tode befreit. In einem einzigen, kristallklaren Augenblick erkannte ich, daß ich unsterblich war. Ich fragte: Bin ich tot? Aber diese Frage hatte gar keinen Sinn.» Oder:

«Das Resultat meiner Erfahrungen mit LSD ist, daß es weder Satori noch Nirwana, noch die Vereinigung mit einer Energiequelle, sondern ein Super-Tod ist.»

Wie kommt es zu diesen merkwürdigen Erlebnissen? Sind sie alle nur als subjektive Traumphantasmen zu bezeichnen oder weisen sie doch auf einen objektiven Hintergrund? Was geht im Verhältnis von Leib und Seele eigentlich vor sich?

Die Lockerung des Ätherleibes

Gehen wir zur Beantwortung dieser Fragen von dem Wesen des Todes aus. Was geschieht, wenn etwa ein Kind, das aus Unkenntnis eine größere Menge Tollkirschen gegessen hat, ohne rechtzeitige ärztliche Hilfe unter heftigen körperlichen Vergiftungserscheinungen und deliriumsähnlichen Bewußtseinsstörungen stirbt? Es kommt durch die bekannten Alkaloide der Droge Belladonna zu einem völligen Zerreißen des Leib-Seele-Zusammenhanges. Während sich im Schlaf nur das seelisch-geistige Wesen des Menschen von der Körperlichkeit befreit, was ja im Übergangszustand des Traumes auch mit bildhaften Erlebnisphasen verknüpft ist, löst sich beim Sterben die ätherische Leiblichkeit mit heraus. Verlassen von dem Träger aller Wachstums- und Regenerationskräfte, verfällt der physische Leib sofort den Eigengesetzen der anorganischen Welt, die ihn nur auflösen kann. Alle Rauschzustände sind insofern mit partiellen Todeserlebnissen verknüpft, als es durch die zerstörerische Einwirkung des Giftes auf den lebendigen Organismus in nicht tödlicher Dosierung zu einer gewissen *Lockerung des Ätherleibes kommt. Dies ist das allen chemisch-physiologischen Prozessen übergeordnete Grundphänomen* – geisteswissenschaftlich beobachtet. Der durch die Giftwirkung einsetzende Abbau setzt in den biologischen Tiefen des Unbewußten in einzelnen Organen oder ganzen Organsystemen ätherische Bildekräfte frei, die sich in dem Maße aus der ihnen innewohnenden Produktivität in bild-erzeugende Kräfte im Seelenraum des Bewußtseins umwandeln, als sie ihrer bisherigen Organgebundenheit entzogen werden. Normalerweise gehen ähnliche Abbauprozesse im ganzen Sinnes-Nervensystem vor sich, besonders aber im Gehirn. Dort sind sie aber vom Organismus selbst gesteuert und gebunden an ein Ichwesen, das beobachten oder erinnern, phantasieren oder vorstellen will und sich in jeder Beziehung als die den Bildinhalten und damit auch den auszulösenden Abbauprozessen übergeordnete, bestimmende Instanz erweist, welche auf höchster Ebene die Gedankenfäden selber knüpft. Das unmittelbare Innesein dieser führenden Ichfunktion macht zugleich unser innerstes Freiheitserlebnis und den Urquell der Würde des Menschen aus.

Im Rauschzustand wird unser Ich jedoch gleichsam an die Wand des Seelenraumes gedrückt. Die bild-erzeugenden Kräfte überschwemmen von sich aus auf Schleichwegen das Bewußtsein. Ein solcher Zustand ist zweifellos den pathologischen Bewußtseinsformen echter Psychosen verwandt, wo in Form von Halluzinationen und Wahnideen sich ebenfalls vom Ich nicht dirigierte Seeleninhalte breitmachen. Bereits 1920 hat Rudolf Steiner Ärzte darauf hingewiesen, daß die sogenannten Geisteskrankheiten in Wirklichkeit körperliche Krankheiten sind und organische Ursachen haben. Bei bestimmt gearteten Störungen der Leber-, Nieren-, Herz- oder anderer Organfunktionen kann es auch ohne Einwirkung von außen zum Freiwerden ätherischer Kräfte kommen, wenn diese Organe vom Ätherleib nicht mehr regelrecht durchdrungen werden. Dabei kann man in einer Heilkunst, welche durch solche geisteswissenschaftlichen Erkenntnisse erweitert wird, an der Eigenart der Halluzinationen und sonstiger Phänomene lernen, in welchen Organen oder Organsystemen die Störung liegt, was für eine sinnvolle Therapie von größter Bedeutung ist. Auch viele visionäre Erlebnisse, die von denjenigen, welche davon befallen werden, oft für hohe Offenbarungen übersinnlicher Welten gehalten werden, können rein organisch bedingt sein und zum Beispiel mit Störungen des Magens oder der weiblichen Sexualorgane zusammenhängen. R. Steiner machte in anderen Zusammenhängen darauf aufmerksam, daß das Freiwerden der Bildekräfte in den Stoffwechselorganen zu besonders intensiven und farbigen Bilderlebnissen führen muß.

«So daß ein Wunderbares, das sich abspielt um Sie in den herrlichsten lichtesten Farben- und Gestaltungsprozessen, nichts anderes zu sein braucht als der in den Geistesorganen des Menschen vor sich gehende (– bzw. sich widerspiegelnde – Der Verf.) Verdauungsprozeß oder sonst ein im Leibe befindlicher Prozeß ... Wenn man glauben würde, daß ein solches ohne die entsprechende Vorbereitung auftretendes Hellsehen mehr geben könnte, als was sich im Menschen abspielt und sich hinausprojiziert in die objektive Welt, wenn man glauben würde, daß man gewissermaßen den sich regenden Weltenmächten, den tonangebenden geistigen Kräften durch ein solches Hellsehen näherkommen könnte, so würde man sich sehr täuschen. Ebensowenig, wie man durch die Untersuchung der menschlichen Verdauung die Weltenrätsel lösen kann, ebensowenig kann man den Weltenrätseln und Geheimnissen dadurch näherkommen, daß man dieses Bauchhellsehen entwickelt.» (9)

Ähnliche Verhältnisse liegen nun bei der Einwirkung von LSD und verwandten Halluzinogenen vor. Sie dürfen daher mit Fug und Recht als Psychotomimetika bezeichnet werden, also als Substanzen, welche den Geisteskrankheiten verwandte, pathologische Bewußtseinsveränderungen hervorrufen. Dem Durchschauen solcher Zusammenhänge steht unter anderem die einseitige Auffassung entgegen, Nerven und Gehirn seien der alleinige Sitz der Seele, oder die Bewußtseinsphänomene würden gar von den chemisch-physiologischen Prozessen dieser Organe durch eine Art «biologischer Höchstfunktion» hervorgebracht. Wir haben gesehen, daß das Gegenteil der Fall ist. Nur wo die biologischen Funktionen zurückgedrängt und zum Nullpunkt geführt werden, was allerdings einer Art normalem Vergiftungsprozeß gleichkommt, kann sich seelisches Leben bewußt entfalten. Während so bekannte Narkotika wie Äther oder Chloroform nun in der Tat an der Großhirnrinde als dem Spiegel unserer Bewußtseinserlebnisse unmittelbar eingreifen und die Spiegelfunktion trüben, hat sich diese Erwartung bei LSD, was seinen Angriffspunkt betrifft, nicht erfüllt. Bei mit radioaktiven Atomen markierten LSD-Molekülen zeigte sich überraschenderweise eine Anspeicherung vorwiegend in Leber und Niere, während im Gehirn nur verschwindend geringe Mengen auftauchten. Wir dürfen darin eine Bestätigung erblicken für die Auffassung, daß der Hauptansatzpunkt der LSD-Wirkung und verwandter Drogen in den Organen des Stoffwechsels oder – wie zum Beispiel bei Haschisch – auch im rhythmischen System zu suchen ist.

Dem scheint die Tatsache zu widersprechen, daß es bei jedem Rauschzustand sofort zu eindeutigen und schwerwiegenden Veränderungen der Sinneswahrnehmungen, insbesondere der optischen Empfindungen, kommt. Nun hat aber jedes Sinnesorgan als Glied des Ganzen einen Stoffwechselanteil; und das Verhältnis der aufbauenden Blut- und der abbauenden Nervenprozesse ist gerade im

Auge besonders ausgewogen. Blicken wir kurz in die grelle Sonne, so können wir anschließend den Kopf unseres Nachbarn für einige Zeit nicht mehr sehen. Denn auch die Entstehung der Sinneswahrnehmungen, als Beginn aller Bewußtseinsprozesse, ist mit Abbauvorgängen verbunden. Das in die Netzhaut durch die Zerstörung des Sehpurpurs «gestanzte Loch» verhindert zunächst ein normales Sehen und zeigt sich als störender Fleck. In diesem Falle aber leiten die Bluts- und Stoffwechselprozesse sofort – nicht erst wie für das gesamte Nervensystem im Schlafzustand – aus den Lebensquellen des Ätherleibes den Aufbau ein. Einen Abglanz dieser ätherischen Regenerations- und Stoffwechselphase können wir bei weniger intensiven Eindrücken verfolgen, wenn wir nach dem konzentrierten Blick auf ein helles Rot (z. B. auf einen roten Pullover) anschließend auf einer weißen Fläche ein *grünes* Nachbild oder bei Blau die Gegenfarbe *Orange* auftauchen sehen. Diese subjektiven Empfindungserlebnisse, die uns wie objektive Farbeindrücke anmuten, und die man als «private Traumbilder» des Auges bezeichnen könnte, vermögen uns zugleich dem Verständnis der aus dem Ätherischen der Organe aufsteigenden echten Halluzinationen näherzubringen. Die Nachbilder sind Ein-Bildungen besonderer Art, gleichsam der Keim von Visionen in der Sphäre der Sinnesorgane, die auf den Abbaureiz der einströmenden, fremden Außenqualitäten entsprechend antworten. Da auch die Stoffwechselorgane einen Anteil am Sinnesprozeß haben, muß der durch den Fremdkörperreiz des Giftes ausgelöste Vorgang unter anderem als eine Metamorphose solcher Nachbildprozesse verstanden werden. – Auch sei hier daran erinnert, daß schon der erfahrene Psychiater Friedrich Husemann darauf hingewiesen hat, daß der Bildekräfteleib als dynamische Ganzheit stets die Tendenz hat, bestimmte Prozesse, die sich lokal abspielen, zu generalisieren. Er konnte aus dieser Einsicht gewisse Phänomene erklären, die beim autogenen Training als unerwünschte auftreten können, so daß dieses als nicht unbedenklich zu bezeichnen ist.[1]

[1] Vergl. Fr. Husemann, „Wege und Irrwege in die geistige Welt", Stuttgart 1962

Zur weiteren Beurteilung der Bewußtseinsveränderungen während des Drogenrausches ist die Erkenntnis von entscheidender Bedeutung, daß sich unser normales, gegenständliches Tages- und Ichbewußtsein mit allen seinen Funktionen und Seeleninhalten auf den physischen Leib als Instrument stützt. Sobald sich unser Seelenwesen daraus zurückzieht, ändert sich unser Bewußtseinszustand, wie Ermüdung, Traum und Schlaf zeigen. Nur mit Hilfe eines klaren, in seinen brechenden Medien den physikalischen Gesetzen gemäß gebauten Auges können wir scharf sehen und nur mit Hilfe eines anatomisch regelrechten und gut durchbluteten Gehirns treu erinnern und sachgemäß und logisch denken. Dabei *spiegelt* das Sinnesorgan die Weltinhalte, das Gehirn die Seeleninhalte. Der physische Leib ist aber in allen seinen Fasern, insofern er lebendig ist, vom Wirken des Ätherleibes durchdrungen, was sich zum Beispiel im richtigen Säftegehalt der Zellen oder in einer entsprechenden Durchblutung der Organe äußert. Man kann den physischen Körper, den allein die heutige Medizin kennt und erforscht, auch als *Raumesleib* bezeichnen, da er in seiner materiellen Struktur als Gegenstand der Außenwelt eindeutig auf deren drei Raumesrichtungen hin orientiert ist. Demgegenüber muß die Geisteswissenschaft vom Ätherleib als einem *Zeitenleib* sprechen. Als fortwährend strömendes, dynamisches Gebilde kann er seine Aufgabe des Wachsens, Gestaltens, Regenerierens, Fortpflanzens usw. nur in der Zeit verwirklichen. Deshalb ist auch die Pflanze im Gegensatz zu einem Kristall ein Zeitenwesen, das zugleich in allen seinen Lebensphasen von den Jahreszeiten und anderen kosmischen Rhythmen abhängig ist. Daraus wird verständlich, daß das regelrechte, seit Jahrmillionen eingespielte Zusammenhalten und Zusammenwirken beider Wesensglieder die unerläßliche Voraussetzung unserer Gesundheit ist, zugleich aber auch dafür, daß wir ein normales Raum- und Zeitgefühl haben. Wenn im Rauschzustand «das Zimmer sich dehnt wie Gummi» oder «die Wände atmen» oder «der Leib in Wellen dahinschmilzt», spiegelt sich in solchen Erlebnissen das beginnende Heraustreten des Ätherleibes über die Grenzen der physischen Organe bzw. des physischen Leibes. Zugleich muß es zu entsprechenden Verzerrungen des Raum- und Zeitgefühls kommen. Beides schildert bereits Hofmann im ersten bewußten Selbstversuch mit LSD, den er zur Überprüfung des erlebten Vergiftungszustandes anstellte:

«Bei geschlossenen Augen überschwemmten mich phantastische Bilder von außerordentlicher Plastik und intensiven Farben. Ich hatte Angst, irrsinnig zu werden, und was das Schlimmste war, ich war mir meines Zustandes klar bewußt... Raum und Zeit wurden mehr und mehr desorganisiert. Ich konnte nichts mehr tun, um den Zusammenbruch der Welt um mich aufzuhalten...»

Natürlich ist es nicht die objektive Außenwelt, sondern das gewohnte leibliche Fundament, das sich aufzulösen beginnt.

Nun wird aber vor allen Dingen auch die Funktion des Gedächtnisses verändert, das ja die Vergangenheit festhält und im bewußt ausgeführten Akt der Erinnerung in innerer Bildschau zur Gegenwart werden läßt. Im Rausch hingegen wird es von einer fremden Macht gleichsam ausgebeutet. Die Geistesforschung kann nun die Aussage machen, daß der menschliche Ätherleib – im Gegensatz zum pflanzlichen – der eigentliche Träger des Gedächtnisses ist. Der menschliche Ätherleib opfert der Seele nicht nur Bildekräfte hin zur Ausgestaltung der Bewußtseinserlebnisse, sondern empfängt von ihr samenkornartig die verblassenden Eindrücke und Bewußtseinsinhalte. Auch scheinbar Vergessenes bleibt so unvergessen aufbewahrt. Wir vermögen unsere Erlebnisse deshalb vom Ich aus gezielt und einzeln, wenn auch oft sehr mühsam, aus diesem versunkenen Schatz in den unbewußten biologischen Tiefen heraufzuholen. Bei dem Ablegen des physischen Leibes und dem totalen Freiwerden des Ätherleibes im Tode sind wir jedoch in einer ganz anderen Situation. Das erste nachtodliche Erlebnis besteht darin, daß wir uns des Ätherleibes – gleichsam von seiner Innenseite her – bewußt werden und ohne ein aktives, freies Zutun den gesamten Gedächtnisschatz in einer Art Panorama überschauen. Das sich mit unvorstellbarer Geschwindigkeit aufrollende eigene Leben deckt uns, indem die Lebenszeit gleichsam zum Raume wird, mit seiner Bilderflut die übersinnliche Welt, in die wir eintreten, zunächst noch zu. In der psychologischen Fachliteratur sind zahlreiche Rückschauerlebnisse von solchen Menschen festgehalten, die in Zuständen des Ertrinkens, Abstürzens, Verschüttetwerdens usw. die Schwelle des Todes zu überschreiten begannen und durch günstige Umstände noch einmal ins Leben zurückgerufen werden konnten.[1] Die Erklärung dieser rätselhaften Schwellenphänomene bleibt so lange unmöglich, als man zu einer Erkenntnis des Ätherleibes nicht hinfindet. In solchen Fällen war es bereits zu einer beträchtlichen Lockerung des Ätherleibes gekommen, die noch einmal rückgängig gemacht werden konnte. Auch de Quincey knüpft seine oben angeführte Bemerkung über die Rückschauerlebnisse der Morphinisten an ein echtes Schock- oder Todeserlebnis einer ihm bekannten Dame an, die beinahe ertrunken wäre.

«An einem bestimmten Punkt dieses Hinuntersinkens schien sie ein Schlag zwischen die Augen zu treffen: Sie nahm eine phosphorische Helligkeit wahr, und im gleichen Moment entrollte sich in ihrem Hirn ein ungeheures Theater. In einem Nu von der Dauer eines Wimperschlages lebte jedes Muster ihres vergangenen Lebens wieder auf, aber nicht im zeitlichen Nacheinander, sondern als Teil eines großen Synchronismus. Ihr Weg bis zurück in die Kindheitsdämmerung lag wie der Weg nach Damaskus plötzlich von Licht übergossen vor ihr.» (2)

Im Drogenrausch kann es begreiflicherweise zu ähnlichen partiellen Rückschauerlebnissen kommen, wobei aber auch die ohnedies so oft erlebte rasende Dynamik der Bilderfluten oder Vorstellungsabläufe ebenfalls die schon erwähnte Auflösung des normalen Zeitgefühls widerspiegelt, das an die gesunde Eingliederung des Ätherleibes in den physischen Leib gebunden ist.

---

[1] Bei Husemann (11) sind einige solcher Rückschauerlebnisse angeführt.

Durchbruch in den Kosmos?

Was aber liegt den als Durchbruch in den Kosmos geschilderten Rauscherfahrungen zugrunde? Um diese Frage beantworten zu können, müssen wir uns dem Ursprung der ätherischen Bildekräfte zuwenden. Für den physischen Leib beantwortet sich eine solche Frage sozusagen von selbst. Alle seine Substanzen entstammen der umgebenden physischen irdischen Welt und gelangen über die uns bekannten Wege der Ernährung, Atmung usw. in den Leib. Indem wir, wo immer wir auch gehen, stehen, sitzen oder liegen, das Erlebnis der Schwerkraft haben, werden wir uns der bestehenden Dauerbeziehung zur Erde bewußt. Sie bindet unseren Körper an ihren Mittelpunkt als Zentrum aller Schwerkraft. Diesem globalen Grunderlebnis entspricht ein Gegenerlebnis im Ätherleib, das zu den ersten Erfahrungen gehört, welche der die Grenze zum exakten übersinnlichen Erleben überschreitende Geistesschüler macht. Der Ätherleib strebt seiner eigenen Natur gemäß danach, fortwährend nach allen Richtungen des Kosmos gleichsam zu entschweben und sich in dessen Weiten aufzulösen, was nach dem Tode in einem Zeitraum von drei Tagen auch geschieht. Nur seine regelrechte Verwurzelung im physischen Leib steht dieser Tendenz entgegen und löscht sie für unser Bewußtsein aus. Bei der sogenannten Mondsucht kommt sie in pathologischer Form gelegentlich zum Durchbruch. In polarer Entsprechung hierzu müssen wir ja auch im physischen Leib die Wirkung der Schwerkraft dauernd überwinden.

Dem Ätherleib eignet die «Leichte» wie dem physischen Leib die Schwere. Sein Ursprungsort kann nicht irgendwo punktuell im Raume gesucht werden, sondern wird im unmittelbaren Bezug zum gesamten kosmischen Umkreis erlebt. Der Geistesforscher stellt deshalb den atomgebundenen Zentralkräften der Materie die Umkreiskräfte des Ätherischen gegenüber und fordert unsere Gegenwart auf, den Begriff der kosmischen Sphäre, den die vorchristliche Menschheit aus einem instinktiven Hellsehen heraus gebildet hat, in ganz neuer Weise zu erarbeiten. Die Erfahrung des Ätherleibes kann dem Menschen unmittelbar zum Bewußtsein bringen, daß er nicht nur einen irdischen, sondern auch einen makrokosmischen Ursprung hat. Dem übersinnlichen Mutterschoß ätherischer Kräftesphären, deren Grenzmarken die Wandelsterne sind, verdankt unser Planet seine Lebensreiche. Wir tragen in unserem Erdenmenschen, der einst im Grabe zu Staub zerfallen wird, einen «himmlischen Menschen», einen «Anthropos uranios», wie ihn Paulus genannt hat. Es würde den Rahmen dieser Betrachtung sprengen zu zeigen, wie die weitere Verfolgung des Ätherleibes im geistigen Durchschreiten der Tore von Geburt und Konzeption zur Überzeugung von der vorkonzeptionellen Existenz und dem kosmischen Ursprung der Menschenseele selbst führen kann.

Im Zusammenhang mit den bereits erläuterten Erfahrungen wetterleuchtet also auch in das Rauscherleben die Verwandtschaft des Eigen-Ätherischen zu kosmisch-übersinnlichen Bereichen herein. Während im Menschen der Ätherleib im Laufe der Evolution zur Deckung mit dem physischen Leibe gekommen ist und sich daher weitgehend verselbständigt hat, sind bei der Pflanze die kosmisch-ätherischen Bezüge in ihrer ganzen Entwicklung unmittelbar wirksam.

«Die Pflanze nimmt fortdauernd während ihres Lebens die auf die Erde einstrahlenden Ätherkräfte in sich auf. Der Mensch trägt sie aber schon von seiner Embryonalzeit an individualisiert in sich. Was so die Pflanze aus der Welt erhält, entnimmt der Mensch während seines Lebens *aus sich*, weil er es schon im Leibe der Mutter zur Fortentwicklung erhalten hat. Eine Kraft, die eigentlich ursprünglich kosmisch ist, zur auf die Erde einstrahlenden Wirkung bestimmt, wirkt aus der Lunge oder Leber heraus. Sie hat eine Metamorphose ihrer Richtung vollzogen.» (10)

Der zerstörerische Zugriff des Rauschgiftes lockert jedoch gerade diese Organkräfte, die also kosmischen Ursprungs sind. Sie glimmen auf und streben – entwurzelt – zur unvollkommenen Wiederanknüpfung an den heimatlichen Umkreis und reißen das Seelenleben in diese Dynamik mit hinein. Mit Recht hat man daher solche Zustände auch Ekstase genannt, was ja buchstäblich ein Aus-sich-Herausgetretensein bedeutet. Es ist also zu erwarten, daß es hierbei zu den geschilderten

Erlebnissen der Ausdehnung, der Lüfte-Leichtigkeit, der totalen Aufhebung der Schwerkraft mit dem Gefühl des Einbruchs in einen neuen Kosmos kommt. Auch sei noch auf die immer wieder auftauchenden Lichterlebnisse, von denen hier noch eines wiedergegeben sei, eingegangen.

«Plötzlich war strahlendes Licht und die schimmernde Schönheit der Einheit. Alles war erfüllt mit diesem Licht, weißes Licht von unbeschreiblicher Klarheit... Ich fühlte, wie ich in das All hinausflog, ohne Schwere und ohne Fesseln, dazu befreit, in dem seligen Glanz der himmlischen Erscheinungen zu baden.» (1)

Auch der bekannte Schweizer Geologe Prof. Heim schließt seine charakteristische Schilderung eines Panoramaerlebnisses, das in den wenigen Sekunden während eines Sturzes über eine Felswand in den Alpen sich einstellte, mit den Worten: «Mehr und mehr umgab mich ein herrlich blauer Himmel mit rosigen und besonders mit zart violetten Wölklein. Ich schwebte peinlos und sanft in denselben hinaus.» (11)

Solche Erlebnisse werden verständlich, wenn man bedenkt, daß von allen irdischen Erscheinungen das Licht in seiner Unabwägbarkeit, seiner blitzschnellen Bewegungsdynamik und sphärenhaften Ausweitungstendenz am meisten gewisse Gesetze und Eigentümlichkeiten der übersinnlichen Welten widerzuspiegeln vermag. Das Ätherische ist jedoch keinesfalls mit dem sinnlich-sichtbaren Lichte gleichzusetzen. Trotzdem darf das Sonnenlicht in einer gewissen Weise sogar als Träger des Ätherischen bezeichnet werden, welches vor allem in die von der Physik so vernachlässigten Lichtqualitäten, wie z. B. in die Farben hineinspielt. Die innige, fördernde Beziehung des Lichtes zum Leben ist darauf zurückzuführen. Auch demonstriert das von allen Seiten sphärisch hereinblauende, metamorphosierte Sonnen-Streulicht jedem Skeptiker die Möglichkeit eines zunächst scheinbar schwer vorstellbaren, übersinnlichen, allseitigen, sphärischen Umkreiswirkens, wie es für das Wirken des Ätherischen zu schildern ist.

Drohende Entpersönlichung

Selbstverständlich spielen im Rauschzustand, was Dynamik und Inhalt anlangt, außer den ohnehin verschiedenen Angriffsmöglichkeiten der Drogen selbst viele weitere Faktoren herein wie individuelle Konstitution, seelischer Gesamtzustand, Stimmung und Erwartung sowie das Milieu und anderes. An den herausgegriffenen Erlebnissen ist jedoch zweifellos die Eigenart und Dynamik des Äther- oder Lebensleibes abzulesen. Doch muß in aller Schärfe betont werden, daß es sich um ein völlig chaotisches, nicht dirigierbares Erleben des Ätherischen handelt, also um eine Karikatur dessen, was bei der durch die Meditation erreichbaren Grenzüberschreitung als vom Ich gelenkte, gediegene übersinnliche Erfahrung möglich ist. Der Drogengenießer kommt zwar zu subjektiven Erlebnissen, hinter denen ein objektives und in seiner Art gesetzmäßiges psycho-physiologisches Wirken waltet, aber er kann letzteres nicht klar überblicken. Gerade die bei jedem Individuum, ja bei jedem Rausch wechselnde Bilderflut weist – abgesehen von ihrer durcheinanderwirbelnden und zumeist ohne Sinn empfundenen Abfolge – auf die völlige Subjektivität und den illusionären Charakter der Erlebnisse hin. Dies ist bei der früher erwähnten Schau der flammenähnlich empfundenen kleinen Aura des Samenkorns (s. S. 24), die von jedem Beobachter in gleicher Art wahrgenommen wird, ganz anders. Diese Erfahrung ist eine echte, objektivierbare übersinnliche Erfahrung auf der Stufe der Imagination und daher erster Schritt zur Geistesforschung und Geisteswissenschaft im strengen Sinne dieses Wortes. Der Drogensüchtige kann und will ja auch nicht – wie der den geisteswissenschaftlichen Erkenntnisweg gehende Meditant – zu einem wissenschaftlichen Forschen kommen. Trotzdem muß zugegeben werden, daß der Grundcharakter des Rausches als innere Erfahrung in ihrer völligen Andersartigkeit und überraschenden Erlebnisfülle (gemessen am Alltagsbewußtsein) einen Menschen davon überzeugen kann, daß an der Realität andersartiger Kräftewelten und höherer Daseinsebenen, als der Naturforscher von heute sie ergreifen kann, nicht zu zweifeln ist. Das Rauscherlebnis des einzelnen oder der Tatbestand der Rauschgiftwelle als solcher könnten – so gesehen – den nach echter Selbst- und Welterkenntnis strebenden jungen Menschen, dem das materialistische Weltbild der Gegenwart nicht genügt, der Anlaß sein, nach zeit- und menschengemäßen Wegen zu einer sachgemäßen Bewußtseinserweiterung und Erkenntnis neuer und unbekannter Welten zu suchen.

Leider steht dieser Metamorphose und ichhaften Erhellung eines in sich voll berechtigten und zu bejahenden faustischen Dranges bei dem erst einmal an den Drogengebrauch gewöhnten oder gar süchtigen Individuum ein schweres Hindernis entgegen. Es ist die in vielen bitteren Erfahrungen sich bestätigende Tatsache der Willensschwächung, die jeder Sucht anhaftet und den Kern der Persönlichkeit trifft und aushöhlt. Schon «der Gewohnheitshascher gerät zwangsläufig in eine psychische Verfassung, die mit einer Beibehaltung eines kontinuierlichen Lern- oder Arbeitsprogrammes nicht in Einklang zu bringen ist... Er flippt aus in Abkapselung und Subkultur» (Spiegel 33/1970).

Dieses «Ausflippen» hängt auch damit zusammen, daß der Drogengebrauch ja nicht nur zu den geschilderten Bilderträumen führt, sondern tiefer in das ganze Seelenleben eingreift und vor allem auch eine Umwandlung des Gefühlslebens bewirkt. Aber gerade diese wird oft ersehnt, weshalb man auch von «Stimmungssucht» spricht. Die geschilderte Lockerung des Ätherleibes führt im rhythmischen System, auf das sich unser normales Fühlen physiologisch abstützt[1], zu entsprechenden Veränderungen und Lockerungen, die meist angenehm und lustvoll empfunden werden. Man kann sich über die rauhe oder langweilig empfundene Wirklichkeit des grauen Alltags erheben und braucht sie mit allen etwaigen Problemen und eingetretenen Enttäuschungen oder bevorstehenden Belastungen nicht mehr ernst zu nehmen; man glaubt sich ihr in den auftretenden Glücksgefühlen und euphorischen Stimmungslagen entziehen zu können, wie es schon

---

[1] Die hier angedeutete Dreigliederung des Organismus ist in der Schrift des Verfassers „Der Leib als Instrument der Seele" näher dargestellt. Stuttgart, 3. Auflage 1969

lange vom Alkoholgenuß her in seiner Funktion als «Sorgenbrecher» bekannt ist. Damit kommt es aber auch in der Gefühlssphäre zu einer Verflachung und zum Zurückdrängen des typisch Menschlichen, nämlich der eigentlichen Ichfunktion, die in dieser Ebene stets zur gefühlsmäßigen, mutigen Verarbeitung auch schwerer Erlebnisse, also zur Vertiefung und echten Gemütsbildung aufruft.

Vom Erleben neuer Geistigkeit

Im Hinblick auf ein tieferes Verständnis des Schulungsweges, der dem Reifegrad des abendländischen Persönlichkeitsbewußtseins gemäß ist, sei zur Abrundung dieser Ausführungen noch bemerkt, daß auch er in gewisser Weise, neben mancherlei anderen Verwandlungen der Wesensglieder, zu einem Freiwerden des Ätherleibes führt. Da dieser Weg jedoch das Ziel hat, durch das gewöhnliche Bewußtsein in ein höheres Bewußtsein vorzustoßen unter Wahrung der führenden, voll bewußten Ichfunktion, zielt die erforderliche Lockerung, ohne die ein übersinnliches Erleben nicht möglich ist, zuerst auf ein streng lokalisiertes Leibfreiwerden der Bildekräfte in der Gehirnorganisation selbst ab.

«Reine, echte, wirklich wahre Ergebnisse der Geisteswissenschaft bekommt man nur dadurch, daß unser Geistig-Seelisches herausgehoben wird aus dem Haupte ... und daß dieses Geistig-Seelische gleichsam angeschlossen wird, wie bei einem spirituell elektrischen Anschluß, an die Kräfte des Kosmos.» (9)

Die Voraussetzung dafür ist das Ausgehen von dem im Kopfe bzw. im Zentralnervensystem lokalisierten Ichbewußtsein im Sinne der ichgeführten Konzentration und einer inhaltvollen Meditation. R. Steiner sagt dazu in einem seiner Vorträge: «Wenn nun der Mensch anfängt ... imaginative Erkenntnisse zu entwickeln, dann vergrößert sich zunächst der Ätherleib ..., und das Eigenartige ist, daß natürlich dem parallel die Erscheinungen gehen, die wir beschrieben haben als die Ausbildung der Lotosblumen. Der Mensch wächst gleichsam ätherisch aus sich heraus» (6) aus dem physischen Haupt.

Das dadurch zustandekommende «Kopfhellsehen» führt im Gegensatz zu anderen Arten übersinnlicher Wahrnehmung, die Steiner als «Brust- und Bauchhellsehen» beschreibt, zu objektiven Beobachtungsresultaten, welche dem Erkenntnisbedürfnis der gegenwärtigen, vom Geistigen abgeschnürten Menschheit entsprechen:

«Es wird immer dasjenige, was herauskommt bei diesem Kopfhellsehen, ich möchte sagen, einen allgemein-wissenschaftlichen Charakter haben; es wird Mitteilungen enthalten – ich bitte das Wort wohl zu beachten – für *alle* Menschen, nicht nur für den einen oder andern.» Der Geistesschüler muß dabei «etwas Unpersönliches entwickeln in sich, vor allen Dingen ein höheres Interesse für die objektive Welterkenntnis». Aber gerade dadurch wird er erleben lernen, «wie der Mensch sich hineinstellt in den kosmischen, in den geschichtlichen Werdegang des Lebens». (9)

Es erfordert zweifellos energische innere Anstrengungen, «diesen unbequemen, aber sicheren Weg zu gehen», zumal es zunächst keineswegs zu farbenprächtig sich aufdrängenden Impressionen kommt, sondern im Gegenteil zu vorerst «bloß schattenhaft-hellseherischen Erlebnissen». Nur «langsam erwerben wir uns die Möglichkeit, außerhalb unseres Kopfes zu leben» und erst in dem Maße, als sich die herausgezogene ätherische Kopforganisation mit den «aus dem ganzen Umkreis der Welt zuströmenden Kräften» verbindet, «bekommen wir die Tingierung mit Farbigem und Tönendem». Aber «nun steht das Kopfhellsehen dem *ganzen Kosmos gegenüber*». (Vom Verf. hervorgehoben.) Gemeint ist natürlich der Teil des Kosmos, der sich unsern physischen Augen und Instrumenten entzieht.

«Und über den ganzen Teil des Kosmos ist dasjenige ausgedehnt, was der Mensch erst zusammenkonzentrieren muß mit seinen Lebenskräften in dasjenige, was er selber ist hellseherisch seiner Wesenheit nach; so daß er wirklich nur im mühseligen Gang der innern Entwicklung allmählich das Schattenhafte der Erlebnisse tingiert. Und dann, wenn man lange, lange sich Mühe gegeben hat, das allgemeine Erleben, das einem nur das Gefühl gibt, außerhalb seines Leibes zu sein, zu erleben, und wenn man dieses allgemeine Erleben lange erlebt hat, und immer mehr ein Gefühl bekommen hat, ein intensiveres, aber noch nicht farbiges, tönendes, inneres Erleben zu haben, dann kommen allmählich die Gebiete des Kosmos an das Kopfhellsehen heran. Das ist eine Sache der langsamen selbstlosen Entwicklung. Insbesondere muß gesagt werden, daß zu dieser Entwicklung unerläßlich ist das Studium der Geisteswissenschaft.» (9)

Wir haben mit Absicht diese Darstellungen Rudolf Steiners ausführlicher herangezogen. Denn im Hinblick auf die Leichtigkeit und zumeist auch Verantwortungslosigkeit, mit der der Drogenkonsument zu Erlebnissen kommt, sei auf die Selbstlosigkeit und die Anstrengungen, die mit dem anthroposophischen Meditationsweg als Mittel der Selbsterziehung und Selbstverwandlung verknüpft sind, nachdrücklich hingewiesen. Denn gerade diese seine Eigenart verbürgt mit die Objektivität und Qualität der Schilderungen des Geistesforschers, die einerseits in ihrer Fülle oft zu selbstverständlich hingenommen oder andererseits ungeprüft als Phantastereien abgelehnt werden.

Eine Eigenart der neuen Erlebnisformen wird besser verständlich, wenn man bedenkt, daß im tagwachen Gegenwartsbewußtsein unsere Gedanken vom physischen Gehirn zurückgespiegelt werden.

«Es wäre denkbar, daß der Gedanke, statt zurückgeworfen zu werden, ins Gehirn hineinginge: da würden wir kein Bewußtsein haben, denn das Bewußtsein entsteht erst, indem der Gedanke reflektiert wird.» Das geschilderte Freiwerden eines Teiles des Lebensleibes in der Hauptesorganisation hat den Zweck, anstelle des physischen Gehirns den betreffenden Teil der ätherischen Organisation zum Spiegelungsinstrument seelisch-geistiger Erlebnisse zu machen. Die jetzt auftretenden Spiegelbilder verändern dabei ihren Charakter. Gemäß dem lebendig-dynamischen Charakter des Ätherleibes verwandeln sie sich in lebenatmende *Imaginationen,* in denen sich übersinnliche Tatbestände zu offenbaren vermögen. Denn «in dem Augenblick, wo wir den physischen Leib ausschalten und von dem Ätherleib unsere Gedanken zurückstrahlen lassen, leben wir in dem, was wir durch die Pforte des Todes tragen. Solange wir von dem physischen Leibe die Gedanken zurückstrahlen lassen, leben wir in dem, was zwischen der Geburt und dem Tode ist». (6) Dieser Teil unseres Seelenlebens aber ist zunächst nur mit Inhalten, die aus der physisch-sinnlichen Welt gewonnen sind, erfüllt und daher stets in Gefahr, sich materialistisch verdunkeln zu lassen. Im Fortgang des geschilderten imaginativen Erlebens aber kommt es langsam zu einer sachgemäßen Erfahrung unseres wahren, inneren, in der Ewigkeit wurzelnden Menschenwesens. Auch hier wird ersichtlich, daß die im Rausch erfahrenen «Todes- und Ewigkeitserlebnisse» die Karikatur einer solchen Schilderung geisteswissenschaftlicher Erfahrungen sind.

In der gegenwärtigen Menschheit lebt eine tiefe Sehnsucht nach konkreten, neuen Geist-Erfahrungen. Sie wächst um so mehr, als das an den Glauben gebundene religiöse Erleben unter der Wucht einer einseitig ausgebildeten naturwissenschaftlichen Denkweise immer mehr verblaßt und das Schlagwort grassiert und erlebnismäßig ernst genommen werden muß: «Gott ist tot». Diese Situation kennzeichnet der Philosoph Alan Watts in einem Interview mit den Worten: «Es herrscht ein seelischer, religiöser oder sogar metaphysischer Hunger bei den jüngeren Leuten, der von den traditionellen Religionen einfach nicht gestillt werden kann. Die traditionellen Standardreligionen kranken seit Jahrhunderten an einem Kardinalfehler – sie predigen. Sie sagen uns zwar, was wir tun sollen, aber sie sind keine Kraftquellen. Mit anderen Worten: Sie verwandeln sich nicht in Ihre[1] Art zu denken und zu fühlen, Ihre eigene Existenz oder Ihr Ich zu erleben, sie reden nur und mahnen. Das ist eine der Lektionen, die uns die Geschichte erteilt hat. Predigen nützt nichts.» (1)

Die hier vermißten Kraftquellen können nur durch eine neue geistige Forschung, welche die alten versiegten Offenbarungsmöglichkeiten ersetzt, also auf Wegen echter übersinnlicher Erfahrung gefunden werden. Ohne ihre Erschließung müßte die Menschheit in der Tat

---

[1] Gemeint sind die Zuhörer

seelisch verhungern oder moralisch verkommen. «Je mehr wir der Zukunft unserer Entwicklung auf der Erde entgegenrücken, desto weniger werden die Menschen, ohne daß ihr Seelenleben ausgedörrt wird, leben können, wenn sie nicht in ihre Erkenntnis aufnehmen können die Ergebnisse dieses Hellsehens.» (9) Die Jugend aber ist diesem Ausgedörrtsein am meisten ausgesetzt, da sie verständlicherweise am wenigsten den alten, sich auflösenden religiösen Bindungen verhaftet ist.

Unser innerer Mensch, der nicht der irdisch-sinnlichen Außenwelt entstammt, in die er zu seiner Erkraftung, Selbstfindung und Selbstverwirklichung hineinversetzt ist, bedarf einer ihm gemäßen Nahrung, um in vollgültiger Weise sich entfalten zu können. Steiner weist auf diesen Zusammenhang hin:

«In der eigenen Seele, in den Tiefen der eigenen Seele ist deshalb der Drang zur geistigen Welt nicht etwa nicht da, weil die Menschen ihn leugnen, weil sie sich darüber betäuben. Er ist da; in jeder Menschenseele ist ein lebendiger Trieb, eine lebendige Liebe zur geistigen Welt vorhanden, auch in den materialistischen Seelen. Die Menschen machen sich nur seelisch ohnmächtig gegenüber diesem Drang. Nun gibt es ein Gesetz, daß, wenn etwas auf der einen Seite zurückgedrängt wird durch Betäubung, es auf der entgegengesetzten Seite herauskommt...» (7)

Steiner schildert dann, wie diese lebendigen Triebe, wenn sie nicht rechtzeitig Erfüllung finden, in Gefahr kommen, in Perversitäten umzuschlagen. In der Rauschgiftwelle der modernen Jugend wird nun unsere niedergehende, im Intellektualismus und Materialismus versunkene Gesellschaft mit einer solchen Perversion konfrontiert. Es ist ein tragischer Versuch, aus der angedeuteten Betäubung unserer intellektualisierten Zivilisation auszubrechen.

Diese Karikatur echten Strebens zur geistigen Welt kann in ihren Tiefen und letzten Ursachen nicht durchschaut werden, wenn man sie nicht mißt am Prozeß der Bewußtseinsentwicklung der Menschheit in den letzten Jahrtausenden. Diese Menschheit ist aus uralten, blutsgebunden auftretenden Bewußtseinszuständen hellseherischer Verbindung mit den übersinnlichen Ursprungswelten langsam herabgestiegen. In dem Rauschbedürfnis der östlichen Menschen lebt die Sehnsucht, die Wirklichkeit des «verlorenen geistigen Paradieses» noch einmal zu erleben – gemessen an der als Maja empfundenen physischen Welt. Aber dieser Versuch wird mit untauglichen Mitteln unternommen und ist daher zum Scheitern verurteilt.

Die darin steckende Tragik kann jedoch nicht empfunden werden, wenn man nicht anerkennen will, daß es in früheren Zeiten ein wirkliches Überschreiten der Schwelle zum Erfahren höherer Wirklichkeiten gegeben hat, welches unter anderm seinen Niederschlag in den Inhalten der vorchristlichen Religionen und in der Mythologie gefunden hat. Damit die Persönlichkeit sich zur freien, sich selbst bestimmenden Individualität entwickeln konnte, mußte der Verlust des geist-verbindenden Erlebens in Kauf genommen und der Schritt zum sinnengebundenen, intellektuellen Ichbewußtsein gemacht werden, vor dem sich die geistige Welt verdunkelt. In unserem Jahrhundert aber ist es nach dieser «Götterdämmerung» an der Zeit, aus dem Jahrtausende währenden Schlafzustand für das Licht der geistigen Welt langsam wieder zu erwachen.

Bei dieser Wiedereroberung der verlorenen Erlebniskontinente gilt es, die kostbarste Frucht der Erdenentwicklung, nämlich das seiner selbst bewußte, urteilsfähige, sich selbst in seinem Tun und Handeln verantwortende Ich als schöpferisches Wesenszentrum und führende Instanz mitzunehmen. Sonst fällt der Mensch unter Preisgabe des Quellzentrums der inneren Freiheit in herabgedämpfte Bewußtseinszustände zurück, die der Vergangenheit angehören. Dabei wird sich aber auch der heute als toter Weltmechanismus in seiner materiellen Außenseite darstellende Kosmos mit neuem Leben erfüllen und als tragender und sinngebender Mutterschoß alles Lebens erweisen. Nirgends stärker als in den Menschen, die altersmäßig berufen sind, unsere Gesellschaft über die Jahrtausendwende zu führen, lebt heute die mehr oder weniger bewußte, aber auch unerbittlich zur Erfüllung drängende Sehnsucht nach dem Ergreifen solchen Lebens. Rudolf Steiner hat als erster im 20. Jahrhundert in eindringlicher Form und immer wieder auf diese Notwendigkeit eines neuen, zukunftsweisenden Schwellenschritts der Menschheit zur Geistigkeit des Kosmos hingewiesen:

«Der Mensch ist ja auch kein Erdenwesen in Wirklichkeit, der Mensch ist in Wirklichkeit ein kosmisches Wesen, das dem ganzen Weltall angehört... Der Mensch wird sich als kosmisches Wesen fühlen. Er wird verlangen wie mit ausgestreckten Armen nach einer Enträtselung seines kosmischen Wesens. Das ist, was in den nächsten Jahrzehnten kommt, daß der Mensch wie – ich meine das natürlich symbolisch – wie mit ausgestreckten Armen fragt: Wer enträtselt mir mein Wesen als ein kosmisches Wesen? Alles, was ich auf der Erde ergründen kann, läßt mir gerade das eigentliche Wesen des Menschen als ein ungelöstes Rätsel erscheinen. Ich weiß, ich bin ein kosmisches Wesen, wer enträtselt mir mein übersinnliches Wesen? Als eine Grundempfindung wird das aus den Seelen heraus leben...» (8)

Während nun das erwähnte Bauchhellsehen vorwiegend «unterrichtet über das, was *in* dem Menschen, ich möchte sagen, innerhalb der Haut des Menschen vor sich geht» (9), zeigte die psycho-physiologische Beschreibung der Entstehung des Kopfhellsehens, daß es in spezifischer und zeitgemäßer Weise den Menschen der Gegenwart zum Erleben der Geistigkeit des Kosmos zu führen vermag, die er so dringend sucht.

Für unser Problem der Rauschgiftwelle als negativer Zeiterscheinung, die im Einzelfall sicher viele untergeordnete, individuelle und durchaus zu berücksichtigende psychologische Ursachen haben kann, wird in solchen Worten der spirituelle Hintergrund und zugleich der ganze Ernst der Situation sichtbar. Er muß erkannt werden; und es gilt, aus einer solchen Erkenntnis dann die praktischen Konsequenzen zu ziehen, ohne deren Miteinbezug die Rauschgiftproblematik nicht zu bewältigen sein wird.

Es wäre aber sicher falsch, im Einzelfall einem der Droge verfallenen Jugendlichen nun den geisteswissenschaftlichen Erkenntnisweg als Heilmittel unmittelbar zu empfehlen. Das Betreten dieses Pfades setzt eine große gedankliche Vorarbeit, eine gewisse Reife und einen wohlüberlegten, freien Entschluß voraus. Um so dringlicher aber erscheint es, jeden heutigen Menschen darauf hinzuweisen, daß es diesen Erkenntnisweg einer dem abendländischen Ichbewußtsein gemäßen Grenzüberschreitung und eine daraus hervorgehende, neue konkrete Wissenschaft von der geistigen Welt und dem Ursprung des Menschen bereits gibt. Die in moderne, wissenschaftliche Gedankenformen geprägten Erfahrungsinhalte der Imagination, Inspiration und Intuition (s. S. 23) sind es, die jedermann heute kennen und mit denen er sich auseinandersetzen sollte. Sie vermögen auf schwerwiegende Lebensfragen befriedigende Antworten zu geben und wegweisende und sinngebende Lebensinhalte zu vermitteln. Diese Inhalte können gedanklich geprüft und erlebnismäßig verarbeitet werden und lassen neue Lebensziele aufleuchten.

Eine solche Auffassung, die zunächst wie eine abstrakte Behauptung klingen mag, läßt sich zum Beispiel an der «Geheimwissenschaft im Umriß» (5), einem fundamentalen Werk zur Orientierung über die Geisteswissenschaft, überprüfen. Mit großer Umsicht und Sorgfalt grenzt hier Rudolf Steiner als erfahrener Erkenntnistheoretiker, der sich der Problematik und Gefahren der Grenzsituationen voll bewußt ist, die verschiedenen Bewußtseinsformen einleitend voneinander ab. Der meditative Schulungsweg und die daraus hervorgehende Bewußtseinserweiterung werden, gemessen an dem Buch «Wie erlangt man Erkenntnisse der höheren Welten?» (4), nochmals von einer anderen Seite her gesehen. Die Wesensglieder des Menschen, die Menschwerdung und die gesamte Erdenevolution werden in ihren übersinnlichen Zusammenhängen geschildert, wobei der Blick auf fernste Entwicklungszustände unseres Planeten und auf sinngebende Zukunftsperspektiven fällt. Zugleich wird im Zusammenhang mit den schöpferischen Taten geistiger Wesenheiten, welche die Naturreiche aus sich hervorgehen lassen, eine neue Lehre von den Hierarchien begründet. Der Leser wird in den ihm zugemuteten «Gedankenreisen» zweifellos etwas wie einen universellen «Trip» von überraschenden Ausmaßen empfinden und sich die Frage stellen, ob er in Erinnerung an Gelpke in R. Steiner einen ersten, wahren *inneren* Kosmonauten des Jahrhunderts anerkennen soll.

Die gedankliche Verarbeitung solcher Resultate einer umfassenden modernen Grenzüberschreitung in geistiges Neuland verlangt aber nicht nur logische Klarheit, Vorurteilslosigkeit und Unbefangenheit, sondern *Erkenntnismut* und Ablegen jeder Denkbequemlichkeit, also *innere Aktivität*. Dies ist nur möglich, wenn traditions- oder autoritätsgebundene Denkgewohnheiten und starre Dogmatik, von welcher Seite sie auch kommen mögen, abgelegt werden. Das Denken selbst erfährt so bereits eine Wandlung und muß entscheiden, ob unsere Gesellschaft dadurch gesunden kann, daß sie bereit ist, in unsere bisher gültigen und in vieler Hinsicht sicher berechtigten, aber auch gefährlich einseitigen *Zivilisations*prinzipien das *Initiations*prinzip[1] als heilsam ergänzenden und kulturschöpferischen neuen Einschlag aufzunehmen.

Erweist sich doch schon allein die Eroberung der Wissenschaft von den ätherischen Bildekräften und das Wissen um den Ätherleib keineswegs nur als eine theoretische Angelegenheit. Denn es gingen daraus verschiedene neue experimentelle Laboratoriumsmethoden hervor, welche als *bildschaffende* das von der Naturwissenschaft so sehr vernachlässigte Problem des Nachweises von *Qualitäten* im organischen Bereich, zum Beispiel auf dem Lebens- und Heilmittelsektor, angehen[2]. Die von geisteswissenschaftlichen Erkenntnissen befruchtete pädagogische, medizinische und biologisch-dynamische Praxis führte bekanntlich zu wesentlichen Erweiterungen und Förderungen vieler Lebensgebiete im Sinn der Vermenschlichung der Wissenschaften. Die bisherige Technik hat uns trotz aller Fortschritte eine weltweite Gefährdung und Kränkung von Umwelt und Menschheit als Schattenwurf beschert, der erst jetzt in seinem ganzen Ausmaß erkannt wird. Eine die wirklichen Lebenskräfte des Kosmos erkennende und immer mehr praktizierende Wissenschaft des Ätherischen wird an aufbauende

---

[1] Unter Initiation versteht man die aus einer geistigen Schulung hervorgehende Einweihung in das Erleben übersinnlicher Welten.
[2] Siehe auch „Elemente der Naturwissenschaft", Vierteljahreszeitschrift zur Förderung der Bildekräfteforschung, herausgegeben von der Naturwissenschaftlichen Sektion am Goetheanum, Dornach.

und belebende Weltenkräfte heranführen, die über alle sonstigen erforderlichen Maßnahmen hinaus eine Regeneration der unguten Verhältnisse von Grund auf ermöglichen. Von einer zeitgemäßen Bewußtseinserweiterung und der gedanklichen Aufnahme der daraus hervorgehenden Erkenntnisse hängt ab, ob die Lebenspraxis der Zukunft weiterhin in den Niedergang oder in einen heilsamen Aufgang unserer Kultur führen wird.

Literaturhinweise:

1 John Cashman, LSD – Die Wunderdroge. Ullsteinbücher Nr. 627
2 Rudolf Gelpke, Vom Rausch in Orient und Okzident. Stuttgart 1966
3 Ernst Jünger, Annäherungen. Drogen und Rausch. Stuttgart 1970
4 Rudolf Steiner, Wie erlangt man Erkenntnisse der höheren Welten? R. Steiner – Gesamtausgabe Bibl. Nr. 10
5 – Die Geheimwissenschaft im Umriß. GA 13
6 – Gehirndenken und Denkkraft als geistige Tätigkeit, Vortrag Dornach 1. V. 1915
7 – Die Geheimnisse der Schwelle. GA 147
8 – Die neue Geistigkeit und das Christuserlebnis des 20. Jahrhunderts. GA 200
9 – Meditation und Konzentration. Die drei Arten des Hellsehens. Vortrag Dornach 27. III. 1915
10 R. Steiner und Ita Wegman, Grundlegendes für eine Erweiterung der Heilkunst. 3. Auflage Arlesheim 1953. GA 27
11 Friedrich Husemann, Vom Sinn und Bild des Todes. Stuttgart 1954

STUDIEN UND VERSUCHE
Eine anthroposophische Schriftenreihe

1. Wege und Irrwege in die geistige Welt
   Von FRIEDRICH HUSEMANN, 39 Seiten

2. Meditation als Erkenntnisweg / Bewußtseinserweiterung mit der Droge

3. Die Schicksale Sigmund Freuds und Josef Breuers
   Von KARL KÖNIG, 56 Seiten

4. Die Pflanze als Lichtsinnesorgan der Erde
   Von GERBERT GROHMANN, 60 Seiten

5. Der rosenkreuzerische Impuls im Leben und Werk von Joachim Jungius und Thomas Traherne
   Von ERNST LEHRS, 68 Seiten

6. Von dem ätherischen Raume
   Von GEORGE ADAMS, 64 Seiten, 6 Bildtafeln

7. Naturwissenschaft an der Schwelle
   Von HANS BÖRNSEN, 48 Seiten

8. Shakespeares «Kaufmann von Venedig»
   Von W. F. VELTMAN, 32 Seiten

9. Idee und Denken
   Beiträge zum Verständnis der Philosophie des deutschen Idealismus mit besonderer Berücksichtigung von Kant, Fichte und Hegel.
   Von BERTHOLD WULF, 51 Seiten

10. Der Isenheimer Altar / Die heilenden Kräfte in Raffaels Werk / Rembrandt
    Drei Vorträge von FRIEDRICH HUSEMANN, 40 Seiten, 3 Abb.

11. Individualismus und offenbare Religion
    Rudolf Steiners Zugang zum Christentum.
    Von CHRISTOPH LINDENBERG, 63 Seiten

12. Symbol und Metamorphose in Goethes «Stella»
    Von ANDREAS AMWALD, 40 Seiten

13. Die vier Äther
    Von ERNST MARTI, 48 Seiten

VERLAG FREIES GEISTESLEBEN